novum premium

BRIGITTE MARIA PETERS

# SIE war ER

geboren, gestorben, gelebt

novum premium

Bibliografische Information
der Deutschen Nationalbibliothek:

Die Deutsche Nationalbibliothek verzeichnet diese Publikation in der Deutschen Nationalbibliografie. Detaillierte bibliografische Daten sind im Internet über http://www.d-nb.de abrufbar.



Gedruckt in der Europäischen Union auf umweltfreundlichem, chlor- und säurefrei gebleichtem Papier.



ISBN 978-3-99130-447-0
Lektorat: Rolf Stemmle
Umschlaggestaltung:
Maya Brooklyn Weckert
Layout & Satz: novum Verlag
Autorenfoto:
Monika Pobog-Malinowska

**www.novumverlag.com**

Druckprodukt mit finanziellem
Klimabeitrag
ClimatePartner.com/16547-2311-1001

***Für alle Menschen, die an ihrem Geschlecht zweifeln!***

## GINGO BILOBA

Dieses Baums Blatt, der von Osten
Meinem Garten anvertraut,
Gibt geheimen Sinn zu kosten.
Wie's den Wissenden erbaut.

Ist es ein lebendig Wesen,
Das sich in sich selbst getrennt?
Sind es Zwei, die sich erlesen,
Dass man sie als eines kennt?

Solche Fragen zu erwidern,
fand ich wohl den rechten Sinn;
Fühlst du nicht an meinen Liedern,
Dass ich eins und doppelt bin?

– Johann Wolfgang von Goethe –

Jetzt, da ich das Geheimnis kannte, das Ausmaß der Qualen erahnen konnte, die dieser Mensch durchlebt hatte, sah ich ihn, ohne dass ich wehtun wollte, manchmal mit anderen Augen an. Was würde passieren, wenn er das Medikament, das er seit seinem 15. Lebensjahr spritzen musste, nicht mehr nehmen würde?

Was würde sich verändern an seinem Äußeren? Würde er es durchstehen, nach all den jahrelangen Vergewaltigungen endlich das Leben zu leben, das er immer leben wollte?

Ich konnte kaum noch an etwas anderes denken. Dabei war ich selbst mit meinen eigenen Problemen in einer Situation, die eine längst überfällige Entscheidung verlangte. Auch ich wusste nicht mehr so recht, wo ich eigentlich hingehörte. Mir war in letzter Zeit immer klarer geworden, dass auch ich mich selbst unentwegt vergewaltigte.

Ich lebte in einem Umfeld, das zwar finanziell abgesichert war, dass mich aber von Jahr zu Jahr unglücklicher machte. Ich wusste nicht, warum ich es nicht schaffte, einen Schlussstrich zu ziehen unter ein Leben, das zu einem ständigen Kampf geworden war. Ich fühlte mich meinem Elternhaus, das mir noch immer mit finanziellen Mitteln alles bot, was eigentlich für ein eigenständiges Leben reichen würde, seltsam verbunden. Mir war nicht klar, wovor ich Angst hatte. Ich hatte zwar meine eigene Wohnung – aber im Haus der Eltern. Diese verstanden es immer wieder, mich auf erpresserische Weise an sich zu binden. Mein Schuldbewusstsein und mein Verantwortungsgefühl waren noch immer stärker als meine Entschlusskraft, endlich den entscheidenden Schritt in die absolute Unabhängigkeit zu gehen.

Deshalb war ich immer dann besonders glücklich, wenn ich einen Auftrag hatte, der eine längere Abwesenheit erforderlich machte.
Warum auch ausgerechnet mir so etwas widerfahren musste. Mir, die immer erst an das Wohl der anderen dachte, bevor ich meinen eigenen Interessen nachging. Mir, die seit langem geplant hatte, endlich einmal damit anzufangen, mehr an mich selbst zu denken. Ausgerechnet mir!

***

Angefangen hatte es mit einer gemeinsamen Arbeit.

Als freie Journalisten hatten wir beide den Auftrag für eine Recherche zum Thema „Rechtsradikalismus bei Jugendlichen“ angenommen.

Schon beim ersten Konzeptionsgespräch in der Redaktion war uns klar geworden, dass dieses Thema eine unangenehme, weltanschaulich herausfordernde Arbeit werden würde, der wir uns mit größtem Engagement stellen mussten.

Schon wenige Stunden nach diesem Gespräch saßen wir im Auto und fuhren nach Norden. Wir hatten unsere Reiseroute in der Tasche und wollten gründlich vorgehen. Während er sicher und ruhig über die Autobahn preschte, war ich bereits in Gedanken an der „Front“. Diese jungen Menschen, die sich politisch so verirrt hatten, wollte ich sehen, riechen, mit ihnen reden und wenn nötig auch streiten. Ich hatte meine Überzeugung, ich wollte untersuchen und berichten. Ich war wie besessen, weil ich es nicht wahrhaben wollte, dass über 70 Jahre nach Hitler wieder ein brauner Sumpf kochte.

Ich sprach über meine geplante Vorgehensweise und meine Zielvorstellung, nicht nur die inzwischen allgemein bekannten Vorkommnisse zu dokumentieren, ich wollte an die Wurzel des Übels, ich wollte bei den Familien anfangen, die Mütter sehen und sprechen, bei denen diese jungen Menschen lebten. Und die Väter! Die wollte ich mir genau anschauen! Denn dort zu Hause und nicht auf der Straße, nicht am Stammtisch wurde dieses menschenfeindliche Saatgut gesät. Davon war ich fest überzeugt.

Irgendwann hielt er an einer Tankstelle und bat mich, nun das Steuer zu übernehmen. „Gern", sagte ich. „Aber vorher musst du dir eine Pause gönnen", fügte er hinzu. Er befürchtete, ich sei ja schon so sehr in diese Reportage „verstrickt", dass ich die Story schreibe, bevor die Recherche angefangen habe.

Ich erschrak bei seiner Unterbrechung meines Monologs. Tatsächlich, ich war so aufgewühlt bei diesem Thema, dass ein Außenstehender annehmen musste, ich sei voreingenommen und in meiner bevorstehenden Arbeit schon so festgelegt, dass man mir eine unabhängige Leistung nicht mehr abnehmen könne. Dieses Erschrecken hatte aber noch etwas anderes, bisher nicht Gekanntes bei mir ausgelöst: Die Art und Weise, wie er mich zum Einhalt und zur Pause aufgefordert hatte, war ein mir bisher unbekannter Ton. Ein ganz neuer Duktus stand dahinter! Es lag nichts Bestimmendes, nichts Forderndes, nichts Herrschendes, nichts Nehmendes in seinem Vorschlag. Obwohl ich doch tatsächlich in den letzten Stunden sehr ichbezogen monologisiert hatte. Ich spürte, diese Bitte war ausgesprochen worden, weil der Kollege offenbar wirklich Sorge hatte, mir würde schon vor der eigentlichen Arbeit die Kraft ausgehen. Diese Feststellung bemerkte ich in einer eigenartigen Emotion. Das, wie er es gesagt hatte, löste etwas in mir aus, von dem ich nicht sagen konnte, was es war.

Erst als wir die nächste Ausfahrt zu einer Raststätte erreichten bemerkte ich, dass wir schon in der Lüneburger Heide waren. Da wurde mir klar, wie sehr ich ihn genervt haben musste, denn wir waren schon mehr als fünf Stunden gefahren, und ich hatte es gar nicht gemerkt – so sehr war ich diesem Thema verfallen. Unser erstes Ziel war Stade in Niedersachsen, schon in gut zwei Stunden würden wir dort sein, und erst jetzt war die erste Pause angesagt. Ich schämte mich für meine Rücksichtslosigkeit, vor allem aber auch deshalb, weil er seine Bitte um Fahrtunterbrechung eben in diesem „seltsam weichen Ton" ausgesprochen hatte. Ich war einem solchen Tonfall in meinem Umfeld bislang nicht begegnet. Die Männer, die Kollegen, mit denen ich sonst zu tun hatte, reagierten anders. Genau dieser Unterschied war mir vorhin aufgefallen!

Komisch, dachte ich, während ich ihn beim gemeinsamen Imbiss das erste Mal näher betrachtete. Er war für sein Alter, ich schätzte ihn auf Mitte 30, von seinen Gesichtszügen her ein jugendlicher Typ, wirkte aber durch seine stattliche Körperfülle eher männlich, bierbauchig und grob. Sein Äußeres passte nicht zu der Art, wie er sprach; wie zuvorkommend er sich mir gegenüber verhielt. Für kurze Zeit vergaß ich mein berufliches Anliegen und entdeckte in mir den Wunsch, mehr über diesen Kollegen erfahren zu wollen.

***

Wir hatten uns in verschiedenen Pensionen in Stade eingemietet und dabei verheimlicht, dass wir als Journalisten gekommen waren. Natürlich wollten wir nicht als Undercover-Agenten operieren, aber wir hatten den Plan, uns dem Milieu durch ein unverfängliches äußeres Erscheinungsbild zu nähern. Das hieß: keine Videokamera, nur das Diktiergerät und die kleine Digitalkamera waren in unseren Jeansjacken griffbereit.

In den ersten beiden Tagen war Bestandsaufnahme angesagt. Wir zogen getrennt um die Häuser, besuchten die einschlägigen Kneipen und fanden bald auf die von uns verfolgte Spur.

Nach drei Tagen machten wir die erste gemeinsame Bestandsaufnahme und trafen uns dazu in einem kleinen Bistro. Wir hatten vereinbart, unsere Beobachtungen in einem Dokument schriftlich zusammenzuführen und festzuhalten, unseren Bericht als Gemeinschaftsarbeit zu deklarieren. Unsere Einblicke, unsere Recherchen, die in den ersten drei Tagen dazu geführt hatten, dass wir vor allem nachts sehr lange unterwegs gewesen waren, zeigten bei uns erste Auswirkungen. Wir waren übermüdet und angewidert von der Szene, in die wir eingetaucht waren. Nachdem der Hunger gestillt, das zweite Glas Wein anfing, Wirkung zu zeigen, versuchten wir, unseren Frust ein wenig mit privatem „Kennenlernen" wegzuschieben. Natürlich war uns klar, dass jeder Mensch sein eigenes Päckchen zu tragen hat, aber wir spürten, dass ein Geheimnis in der Luft lag, dass uns irgendwie aneinanderbinden würde.

Ich war sehr redselig an diesem Abend. Sprach über die Probleme, die ich mit meinem Elternhaus hatte. Dass ich den Weg heraus noch nicht gefunden hatte. Ich lehnte die Unterstützung ab, die ich von meinen Eltern bekam, hatte ich doch meinen Beruf, mein eigenes Einkommen. Dennoch konnte ich nicht nein sagen. Der Vater war in seinem Beruf als Finanzmakler erfolgreich gewesen und hatte nach einem arbeitsreichen Leben keine Perspektive für die Rentenjahre. Er hatte es versäumt, sich auf das Alter vorzubereiten, hatte Tag und Nacht gearbeitet, erwies sich nun als völlig unselbständig und machte dadurch seiner Frau das Leben zum Martyrium. Jede Krankheit, die ein Mensch haben kann, bekam er jetzt – er, der im Berufsleben immer vor Energie gestrotzt, gut gelaunt und gesund der Öffentlichkeit zur Verfügung gestanden hatte.

Ja, es war wohl das Mitleid mit der Mutter, das mich daran hinderte, mich abzunabeln. Ich konnte die Mutter nicht mit diesem Mann allein lassen!

Aber wann sollte dann eigentlich mein eigenes Leben anfangen?

Ich bemerkte, dass ich mich wieder einmal in Rage geredet hatte–und er war nicht nur ein verständnisvoller Zuhörer, er hatte sogar immer wieder Fragen gestellt, wirkliches Interesse gezeigt. Ich empfand seine Gesellschaft als beruhigend, fühlte mich in seiner Nähe sicher und geborgen. Er war mir so vertraut, als würden wir uns schon Jahre kennen.

Er hingegen sprach nur kurz über seine derzeitige Beziehung. Sie war nicht einfach, da die Freundin nicht ganz gesund war, viele Medikamente nehmen musste und das Alleinsein kaum aushalten konnte.

Ich ertappte mich vor dem Einschlafen dabei, dass mein berufliches Anliegen plötzlich unwichtiger geworden war. Ich dachte nur noch an diesen Kollegen. Er hatte ein Geheimnis, und ich wollte erfahren, was es war.

***

Ich hatte in ein Wespennest gestochen. Es wurde allmählich gefährlich, ohne Polizeischutz zu agieren. Ein 14-jähriger Junge hatte mich mehr oder weniger zufällig auf die Spur gebracht. Er hatte mich in einem Stehcafé angerempelt und sich dafür nicht entschuldigt. Normalerweise hätte ich mich nicht weiter darüber aufgeregt, aber dieser Junge hatte eine Kaltschnäuzigkeit gezeigt, die mir Angst einjagte. Also verfolgte ich ihn und kam dabei in den engsten Kreis der rechten Szene in einer Kneipe.

So lief das also heute: Die Väter und Großväter hatten ihren Stammtisch um die Ecke, und dort gab es ebenso gemütliche Nebenzimmer. Und die Wirte, dieselben Leute, die auch damals angeblich nichts gewusst hatten, wissen auch heute wieder nicht, was bei ihnen passiert.

Für mich war das alles wie in einem schlechten Film. Ich hörte das Skandieren von ausländerfeindlichen Parolen und sah das Propagandamaterial, das versandfertig gemacht wurde. Und ich konnte nicht glauben, dass brave Bürger, die am Sonntag in der Kirche saßen und beteten, immer noch menschenverachtendes Deutschtum pflegten, als hätte es den Zweiten Weltkrieg nie gegeben und Adolf Hitler wäre noch immer ihr oberster Dienstherr.

Ich sprach spontan eine Frau an, die diesem Jungen scheinbar nahestand, und fragte, ob sie wüsste, wo dieser Junge wohne, denn ich hatte das Gefühl, die Leute in der Kneipe kannten sich alle und sie trafen sich dort für ihre „gemeinsame Sache". Kaum hatte ich meine Frage gestellt, war ich von einem Trupp junger Schlägertypen umstellt. Einer von ihnen fragte, was ich von dem Jungen wolle. Ich gab mich unbeeindruckt und berichtete von der unverschämten Rempelei. Doch ich wusste, ich konnte jetzt nicht telefonieren und Hilfe holen. Also sagte ich mutig, ich würde über die Polizei schon die Adresse des Jungen herausfinden, denn ich beabsichtige, ihn anzuzeigen. Ich hatte den Satz nicht fertig über die Lippen gebracht, da fühlte ich bereits einen schmerzenden Druck am Hals. Die halbstarken Schlägertypen hatten mich schon gepackt und mit gekonnten Würgegriffen vor die Tür geworfen.

So war das also! Es ging alles einfach und ganz schnell. Hier wurde nicht lange gefackelt, es wurde gehandelt, hier herrschten also klare Verhältnisse. Wer Fragen stellte, mit dem wurde kurzer Prozess gemacht. Vor der Polizei hatte man keine Angst, keinen Respekt. Man musste sie aber offenbar auch nicht fürchten, denn meine „Drohung" nahm man nicht ernst. Dies war mir eben klar geworden. Was hätte es also genützt, wenn ich zur Polizei gegangen wäre? Die Fragen, die ich dort hätte beantworten müssen, wollte ich nicht über mich ergehen lassen. Denn, so überlegte ich, wenn in einem Ort so unverhohlen agiert wurde, musste die Polizei längst Bescheid wissen!

Ich suchte mir ein Taxi und fuhr in die Notaufnahme des Städtischen Krankenhauses, um die Prellungen, die ich bei diesem Rauswurf erlitten hatte, untersuchen und dokumentieren zu lassen.

Erst hier merkte ich, dass die Verletzungen doch größer waren, als ich im Augenblick des Schocks vermutet hatte. Ich hatte mir die Schulter stark ausgerenkt und bekam einen Gipsverband. Mein Gesicht war verkratzt, was ich gar nicht bemerkt hatte. Der Arzt bestand darauf, die Polizei zu benachrichtigen, also doch eine Anzeige zu machen. Genau das aber wollte ich ja vermeiden. Nun gut, dachte ich, jetzt würde sich zeigen, wie informiert die hiesigen Ordnungshüter über die Gewaltbereitschaft ihrer „Szene" waren.

Es war tatsächlich so, wie ich es vermutet hatte. Nachdem ich die Situation geschildert hatte, wurde ich beschwichtigt. Man winkte ab und verwies auf die verschlossene nördliche Mentalität. Mit Fremden, die hier ungeniert Fragen stellten, könne man eben nicht umgehen, hieß es. Das hätte jedoch nichts mit Fremdenfeindlichkeit zu tun. Man brauche eben hier heroben seine Zeit, sich auf neue Gesichter einzustellen. Und so weiter und so weiter ...

Mir war kotzübel. Am liebsten hätte ich den Polizeibeamten gleich selbst angezeigt. Ich hatte es geahnt: Diese Aktivitäten in einer Kleinstadt konnten nicht im Verborgenen geschehen! Ganze Familienclans und Kneipenwirte agierten unverdeckt! Das musste doch alles längst aktenkundig sein! Aber nein, der Polizist tat so, als würde man von all dem nichts wissen, verwies noch einmal auf die norddeutsche Mentalität und sagte zynischerweise, bei meinem nächsten Besuch in der Kneipe würde man mir sicher ein gutes norddeutsches Bier anbieten.

Ich hatte das Gefühl, hier würden alle unter einer Decke stecken. Am liebsten wollte ich die ganze Stadt auseinandernehmen. Wie und wo aber sollte ich damit anfangen?

Das abendliche Treffen mit meinem Kollegen hätte ich am liebsten abgesagt. Ich war hilflos und verzweifelt und wollte zunächst meine Gedanken ordnen, ich kannte mich. Wenn ich mich jetzt zu sehr in diese Angelegenheit hineinsteigerte, würde ich Fehler machen. Meine Emotionalität war aufgeladen, das merkte ich inzwischen selbst. In einem solchen Zustand konnte ich unberechenbar werden. Ich wollte mich zu einem klaren Kopf zwingen.

Nachdem ich ein entspannendes Bad genommen hatte, überkam mich plötzlich ein Hungergefühl. Erst jetzt wurde mir klar, dass ich seit dem Frühstück nichts zu mir genommen hatte.

Also ging ich schließlich doch zum vereinbarten Treffen und versuchte nun sachlich und ruhig die Ereignisse des Tages zu schildern.

Wir diktierten unseren Bericht in den Laptop und beschlossen, das weitere Vorgehen am nächsten Tag mit der Verlagsleitung abzustimmen. Wir waren in einen braunen Sumpf geraten – und das gleich im ersten Ort. Wir benötigten eine Rechtsberatung und unsere Kompetenzen mussten geklärt werden.

***

Sehr früh am Morgen packten wir unsere Sachen und fuhren Richtung Osten. Unser Ziel war Mecklenburg-Vorpommern. Auch für dort hatten wir schon einige Hinweise auf Ortschaften, die wir unter die Lupe nehmen wollten. Was würde uns dort wohl erwarten?

Heute schwieg ich, während er fuhr. Ich war deprimiert, hatte Schmerzen in der Schulter, mein Gesicht war ungeschminkt, mit einer meiner Meinung nach übelriechenden Salbe beschmiert. Ich hatte unruhig geschlafen und hätte mich am liebsten irgendwo verkrochen.

Es war Samstagmorgen. Ich hätte übers Wochenende nach Hause fahren können, um mich ein wenig zu erholen. Das hatte er am gestrigen Abend vorgeschlagen, aber ich war dagegen gewesen. Ich wollte mich nicht den Fragen meiner Eltern aussetzen, Rechenschaft ablegen müssen über das, was ich jetzt machte. Und wieder die gleichen Vorwürfe hören: „Wärst du doch …“ Nein das konnte ich in dem Zustand wirklich nicht gebrauchen! Ich wollte mein Ding durchziehen, allein, ohne die ständige Bevormundung. Sicherlich hätte ich auch zu meiner Freundin fahren können. Irene hatte immer ein offenes Ohr! Sie konnte zuhören und überlegt argumentieren. Irene gelang es, mich immer wieder auf den Boden der Tatsachen zurückzuholen. Aber auch das wollte ich nicht. Ich wusste überhaupt nicht, was ich eigentlich wollte.

Er war es an diesem Tag, der das Schweigen durchbrach und versuchte, mich aufzumuntern. Ohne dass ich es bemerkt hatte, war er zum Ostseebad Timmendorf gefahren. Er schlug vor, das Wochenende am Strand zu verbringen.

Ausgerechnet ich, die die Sonne und das Meer liebte, hatte bis jetzt nicht registriert, dass wir an einem wunderschönen Spätsommertag aufgebrochen waren, und ich hatte nicht daran gedacht, dass es ja tatsächlich auch so etwas wie ein Meer gibt, da oben im Norden.

Da die Ferienzeit vorüber war, hatten wir kein Problem, ein Hotel zu finden. Wir nahmen ein schnuckeliges, romantisches kleines Strandhotel. Wir wollten direkt am Wasser wohnen. Auch er outete sich als ein Freund des eher mediterranen Klimas und verbrachte seine Urlaube am liebsten in südlicher Sonne.

Meine Stimmung wurde, als ich das Meeresrauschen hörte, sofort besser. Ich lief, kaum dass ich meine Sachen ausgepackt hatte, erst einmal eine Stunde am Strand entlang und atmete die lauwarme Seeluft ein. Ich fühlte mich frei, so frei wie ich mich immer fühlte, wenn ich am Meer war. Die Füße wurden vom noch warmen Sand massiert, der Körper vom sanften Wind gestreichelt – das war es, was ich immer wieder brauchte, was immer wieder meine Glückshormone stimulierte. Inzwischen hatte ich meine schmerzende Schulter vergessen. Auch meinen Gipsverband. Ich wollte mich übermütig ins Wasser werfen, doch ich spürte in diesem Augenblick den Arm des Kollegen an meiner Schulter, der mich daran hinderte. Schade, dachte ich zunächst. Er hätte mich ruhig schwimmen lassen sollen! Es wäre schon nichts passiert! Und wenn, dann hätte ich eben einen neuen Verband gebraucht. Dann aber, sekundenschnell, spürte ich wieder das Geheimnis, hinter das ich ja kommen wollte; diese sanfte Art, mit der er mich bei dieser Leichtsinnigkeit beobachtet hatte, um mich zu schützen, er wollte nicht bevormunden, ich spürte, er hatte sich Sorgen gemacht. Das verstärkte meinen Wunsch, ihn noch näher kennenlernen zu wollen. Aber mir war klar, dass ich nicht mit meiner sonst so direkten Art einfach Fragen stellen konnte. Denn dieses „Geheimnis", wenn es denn wirklich eines war, musste etwas ganz Besonderes sein! Ich wollte ihn nicht ausfragen, ihn nicht bedrängen – aber ich wollte es wissen! Und er sollte es mir freiwillig anvertrauen! Ich spürte, ich würde es irgendwann erfahren, obwohl ich keine Vorstellung davon hatte, was dieses „Geheimnis" für mich bedeuten würde.

Wir hatten einen wunderschön gedeckten Tisch im Erker des Restaurants bekommen, mit Blick auf die See. Und wir hatten uns zum ersten Mal ein bisschen „fein" gemacht.

Zu meinem Glück – wie sich jetzt zeigte – hatte ich einen Rock eingepackt, denn das An- und Ausziehen der Jeans bereitete doch einige Schwierigkeiten mit meinem eingebundenen Arm.

Er saß bereits am Tisch und erwartete mich. Ich sah ihn zum ersten Mal in einem Jackett. Irgendwie wirkte er darin etwas verloren. Er hatte anstelle einer Krawatte ein buntes Seidentuch um den Hals geschlagen. Ich entdeckte in diesem Schal die gleichen Farben, die mein Seidenrock hatte, und uns beiden war irgendwie klar, dass dieser Abend ein besonderer werden würde.

Nachdem der Kellner den Aperitif serviert hatte, trafen sich unsere Blicke – und plötzlich bekamen wir beide gleichzeitig einen Lachanfall. Keiner von uns hatte etwas gesagt und dennoch wussten wir beide, worüber wir lachen mussten. Wir kamen uns blöd vor in dieser Situation, hatten wir doch bisher in einem solch gepflegten Umfeld nicht zusammengesessen, geschweige denn gespeist.

Wir entschieden uns beide für das Fischmenü und wählten einen Weißwein aus Südafrika.

Und kaum war der Wein serviert, hatten wir beide schon wieder die gleichen Gedanken und sprachen sie aus: „Wir sitzen im Nordosten Deutschlands, auf den Spuren des wachsenden Nationalismus und Rassismus, und finden auf der Getränkekarte eines kleinen Seehotels einen Wein aus Südafrika. Was für eine Zeit! Die Menschen klatschen Schwarze ab, und zum Essen verzehren sie Produkte, die von diesen angebaut wurden ... Aber nein, das stimmte ja auch nicht! Angebaut haben die Weine die weißen Eindringlinge, die die Schwarzen zur Sklavenarbeit zwangen.

Er schlug vor, den Wein trotzdem zu genießen und wenigstens für ein paar Stunden das politische Thema auszusparen. „Denn das Thema der Ausbeutung ferner Kontinente, die Missionierung, die Sklaverei usw., das sollte hier nicht auch noch mit der akuten Situation der Jugendlichen, mit denen wir uns beschäftigten, vermischt werden! Das ist jetzt nicht das Thema!“

Hoppla, dachte ich, jetzt spricht der Überlegene. Und doch, es war wieder nicht so, wie es ein anderer gewiss gesagt hätte. Es war bestimmt, aber es klang ... Ja wie klang es denn? Ich konnte es nicht sagen, aber ich war dennoch erneut hellhörig geworden. Mein Gott, was mache ich nur, dachte ich. Frage ich ihn einfach – oder warte ich noch?

Während wir die Nachspeise goutierten, war es still geworden, und genau in dem Moment, bevor es unangenehm hätte werden können, fragte er plötzlich, woran ich denn gerade denke.

Und wieder – oftmals ist diese Frage eine Floskel – schwang hier etwas mit, das nichts von einer Floskel hatte.

Ich fühlte mich ertappt wie ein pubertäres Mädchen und errötete. In Sekundenschnelle musste ich mich entscheiden, und sagte einfach nur: „An dich!”

Jetzt war er es, dem es scheinbar die Sprache verschlug, denn er wirkte irritiert. Wieder entstand eine seltsame Stille. Ich hatte ihn erwischt! Das merkte ich plötzlich. Erwischt an einem Punkt, den ich aber nicht kannte. Ich bemerkte, dass er plötzlich unsicher, ja regelrecht schüchtern wirkte. Offenbar hatte ich ihn kompromittiert! Mir war klar, dass es nun an mir lag, die Situation wieder in den kollegialen Griff zu bekommen. Ich wollte nicht, dass er sich bloßgestellt fühlte. Ich schlug daher schlicht vor, den Abend zu beenden und nun ins Bett zu gehen. Man könne am nächsten Tag am Strand weiterreden.

Sogleich fing er sich wieder, wirkte unvermutet sogar gelassen. Mit feinsinniger Stimme sagte er: „Jetzt würde ich gern noch eine Flasche Wein trinken. Der Abend fängt doch gerade erst an, gefühlvoll zu werden."

Genau das aber wollte ich verhindern. Ich wollte nach meinem brutalen Erlebnis zwar gern ein wenig abschalten, aber auf private, emotionale, weinselige Verbrüderung mochte ich mich nicht einlassen. Denn ich ahnte, er würde jetzt mit einer Liebeserklärung versuchen, die gemeinsame Arbeit mit einer leidenschaftlichen Affäre zu verquicken, was unangenehme Erinnerungen in mir wachrief.

Ich stand einfach auf, verabschiedete mich und wünschte eine gute Nacht. Er war erschüttert, fassungslos, aber vor allem wirkte er unendlich traurig. Diese hochsensiblen Blicke, diese Enttäuschung in seinem Gesicht, der Ausdruck von Trauer und Zartheit zog mich wie hypnotisiert auf meinen Stuhl zurück.

„Ich möchte mich auf keine unklugen Sentimentalitäten einlassen, schon gar nicht mit Kollegen; ich habe da so meine Erfahrungen gemacht", sagte ich ganz still, ganz bedacht. Da nahm er zärtlich meine Hand, strich liebevoll über die Handfläche und sagte: „Ich gehöre nicht zu den Typen, die jede Situation ausnutzen, um mit einer Frau zu schlafen, aber dass ich für dich etwas empfinde, kannst du mir nicht verbieten."

Bei jedem anderen Mann hätte ich nun endgültig den Abend beendet, da hätte ich diesen Satz als abgeschmackt und senil eingestuft und das Abendessen in der Abteilung „ganz schnell vergessen!" abgelegt. Aber er sagte diesen Satz wieder mit einer so unglaublich überzeugenden, so liebevollen Intensität, dass es mir unmöglich war, vom Stuhl aufzustehen.

Dann sagte ich: „Ich mache mir eigentlich Sorgen über deinen Weinkonsum und möchte nicht dafür verantwortlich sein, dass das gute Abendessen dazu beiträgt, deinen Umfang noch zu vergrößern."

Knall, das saß! Und schon tat es mir leid! So direkt und brutal konnte ich reagieren, ja, aber diese Seite hatte er natürlich im privaten Zusammensein noch nicht kennen gelernt. Er hatte zwar sicher gemerkt, dass ich im beruflichen Argumentieren gradlinig und oft kompromisslos beschrieb, was Sache war, ohne jede beschönigende Umschreibung der Tatsachen, aber dass ich jetzt, nach diesem harmonischen Abendessen so unverhohlen meine Meinung sagte, traf ihn doch an seiner offenbar empfindlichsten Stelle. Das merkte ich sofort.

„Wir sehen uns hoffentlich beim Frühstück. Schlaf gut!“, sagte er – und ich stand auf und ging wie ein begossener Pudel in mein Zimmer.

Ich wälzte mich in meinem Bett. Plötzlich hatte ich wieder Schmerzen in der Schulter. Ich konnte nicht liegen, ging im Zimmer hin und her, machte mir Vorwürfe wegen meiner undiplomatischen Anklage. Warum nur war ich wieder einmal so ins Fettnäpfchen getreten mit meiner Direktheit? Warum musste ich die Menschen, mit denen ich zu tun hatte, immer wieder durch meine Offenheit kompromittieren? Warum können die anderen immer eine verbindliche Ausdrucksweise wählen und ich nicht? Ich bemitleidete mich selbst und gleichzeitig quälte mich der Gedanke, ihn beleidigt zu haben. Er, der so feinfühlig und so anders war als all die Männer, die ich bislang kennengelernt hatte?

Ich wurde immer wacher. An Schlaf war in dieser Nacht nicht zu denken. Mein Mund wurde trocken. Ich ging zur Minibar, wollte mir ein Glas Wasser nehmen, sah, dass auch eine Flasche Champagner zum Inhalt des Kühlschrankes gehörte, überlegte nicht, griff zur Champagnerflasche, ging wie fremdbestimmt aus meinem

Zimmer, ging über den Flur – wie magisch zog es mich vor seine Tür. Ich klopfte nicht an, nahm den Türgriff in die Hand, war plötzlich in seinem Zimmer. Dass die Tür unverschlossen war, wunderte mich nicht. Ich ging auf das Bett zu, stellte die Flasche auf das Nachtschränkchen, legte mich wie selbstverständlich zu ihm ins Bett, umarmte ihn und fühlte, dass ich es hier ganz lang aushalten würde.

***

April, April, der weiß nicht, was er will!

Schon das Datum der Geburt erzeugt im Alltag Gekicher. Welchen Ursprung es auch immer haben mag: Am 1. April darf gelogen werden! Man kann seine Mitmenschen irreführen, hereinlegen, beschwindeln, täuschen, und niemand darf deswegen beleidigt sein, sondern muss sich diesem alten Brauch unterwerfen.

Im städtischen Krankenhaus einer bayerischen Kleinstadt wird früh am Morgen, es ist 4 Uhr 45, ein Mensch geboren.

Für die 35-jährige Mutter ist es die dritte Entbindung. Sechs Monate zuvor hat sie ihren Zweitgeborenen zu Grabe tragen müssen, im Alter von 15 Jahren. Dieser Zweitgeborene war der Stolz nicht nur der Eltern, sondern der ganzen katholischen Gemeinde gewesen, er wollte Priester werden. Der Junge war an einem Rückenmarkstumor gestorben. Die Mutter hatte eine furchtbare Zeit hinter sich. Sie war durch ganz Deutschland gereist, hatte alle Spezialkliniken aufgesucht, aber auch nach einer Operation gab es keine Hoffnung. Bei der Beisetzung war die gesamte Kleinstadt anwesend. Der Pfarrer sprach in seiner Grabrede davon, dass ein „Heiliger" die Welt verlassen habe, um

Gott nahe zu sein! Die Predigt wurde in der örtlichen Presse veröffentlicht.

Das kleine Wesen, dass an diesem 1. April das Licht der Welt erblickt, weiß davon noch nichts. Oder ahnt etwas, oder, oder ...

Dieses Wesen hat im Mutterleib das Leiden der Mutter miterlebt, war durch viel Leid mitgeprägt.

Das Einzige, was die Hebamme bei diesem Baby wahrnimmt, ist ein Penis, also wieder ein Junge!

Ein dritter Junge! Und die Mutter hat sich nach dem Tod des Zweitgeborenen – wenn überhaupt – ein Mädchen gewünscht! Die Enttäuschung ist so groß, dass die Mutter das kleine Bündel nicht einmal richtig anschauen kann. Sie versorgt das Kind „nach bestem Wissen und Gewissen", wie es so schön heißt. Schon bald fängt das Kind an zu kränkeln. Es hat Atemnot, Asthmaanfälle und braucht die Mutter mehr, als sie die beiden Brüder davor in Anspruch genommen haben. Und wieder muss sie Arztbesuche organisieren, wieder beginnt ein Leidensweg, der Kraft und Psyche kostet. Der Erstgeborene Sohn wurde inzwischen zum „Prinzen" erkoren. Der ist gesund. Und dieser gesunde Junge wurde der Vertraute des Vaters. Ja, die Väter dieser Generation haben noch nicht viel gelernt, sie sind noch zu sehr mit der Nachkriegszeit und den Jugendjahren, die ihnen der Zweite Weltkrieg geraubt hat, beschäftigt. Da gibt es noch keine geistige Bereitschaft, über das Innenleben einer

Frau nachzudenken. Also kann die Mutter nicht mit der Hilfe und Unterstützung ihres Mannes rechnen.

Die ersten beiden Lebensjahre verbringt das Baby also in der Obhut der Mutter und einiger Tanten. Im zweiten Lebensjahr wird festgestellt, dass das Kind keine Hoden hat.

Wie ist das möglich?

Das Kind kränkelt, muss regelmäßig ärztlich betreut werden, aber nach der Geburt hat es kein Arzt so genau untersucht, als dass einer von ihnen hätte feststellen können, ob die Sexualorgane normal entwickelt sind.

Und wieder beginnt für die Mutter ein Leidensweg, verbunden mit unendlich vielen Arztbesuchen. Aber zu was führt dies? Das Kind wird hin- und hergeschoben, muss sich immer wieder vor Ärzten ausziehen, auf- und abgehen, sich drehen und wenden, wieder anziehen.

Behandelt wird dann allerdings zunächst das Asthma. Das Kind nimmt Tabletten, wird apathisch gegenüber allem, was mit ärztlichen Untersuchungen zu tun hat. Zu allem Unglück kommt auch noch eine starke Neigung zu Übergewicht hinzu, wofür allerdings vorwiegend die Mutter verantwortlich gemacht wird. Sie gehört zu der Flüchtlingsgeneration, die froh ist, endlich wieder ausreichend Essen auf den Tisch bringen zu können. Also gilt: „Wenn du gut isst, wirst du auch wieder gesund." So denkt man in dieser Zeit, 8 Jahre nach Kriegsende.

Für das Kind wird dieses Leben eine Hölle, nur kann es mit niemandem darüber reden. Die Eltern, völlig überfordert, vor allem aber vollkommen unterwürfig gegenüber den „Herren im weißen Kittel", gewöhnen sich allmählich daran, ein behindertes Kind zu haben. Das geht sogar so weit, dass sie sich im Beisein der Tanten über das kleine Wesen in ungeheuer niederträchtiger Art und Weise lustig machen. Das Kind, das gern unter dem Esstisch sitzt und den Erwachsenen zuhört, erfährt, dass es wohl ohnehin nicht lange leben wird. Es hört ein Wort wie „Kretin", mit dem es nichts anfangen kann, dass ihm aber später noch viel zu schaffen machen wird.

Das Kind entwickelt sich geistig hervorragend, lehnt aber schon sehr früh alles ab, was mit Regeln und Diktat zu tun hat. Es fühlt sich, das zeigt sich im Kindergarten, das zeigt sich in der Schule, immer zu den Schwächeren, also den kleinen Mädchen, die regelmäßig von den Jungen geärgert und gehänselt werden, hingezogen.

Die ersten beiden Grundschuljahre sind für das Kind so grausam, dass es sich dagegen wehrt, in die Schule zu gehen, und gezwungen werden muss. Es kann keine öffentliche Toilette besuchen, es weigert sich, in der Schule Hausschuhe zu tragen.

Die Eltern beschließen, die Kleinstadt zu verlassen und ziehen in die nahe gelegene Bischofsstadt. Eine Universitätsstadt, in der das Kind, sollte es überhaupt so alt werden, vielleicht ja einmal Pfarrer werden kann.

Zumindest so viel Mitgefühl haben die Eltern mit ihrem Kind, dass sie es hier nicht, wie üblich, in die reine Knabenschule schicken, sondern in die gemischte Schule – das war für die damaligen Verhältnisse fortschrittlich.

Aber auch hier macht es bittere Erfahrungen mit Lehrern und Mitschülern. Der Sportunterricht wird zur Qual, weil der rundliche Junge nicht über den Bock springen kann. Also wird er vom Sportlehrer verspottet und den Mitschülern vorgeführt. Am Morgen nach solchen Vorkommnissen fügt sich der Junge selbst Leid zu, indem er zum Beispiel die Haut neben der Hauptschlagader mit einem Messer so tief einritzt, dass man ihn zum Arzt bringen muss, um genäht zu werden. Immer wieder bringt er sich Verletzungen bei, um nicht in die Schule gehen zu müssen.

Weder ein Lehrer noch ein Arzt, schon gar nicht die Eltern gehen diesen Selbstverstümmelungen nach, um zu ergründen, weshalb der Junge, der durch schulische Leistungen nicht negativ auffällt, so etwas tut.

Es ist selbstverständlich, dass der Junge die Aufnahme ins Gymnasiumschafft. Allmählich begreift er, dass es keinen Sinn macht, die heimlichen Träume und Wünsche, die ihn schon lange nachts quälen, weiter zu träumen. Jetzt will er es den Kammeraden zeigen und geht in einen Fußballverein. Aber dieser Ausflug in ein typisch maskulines Revier ist nicht von langer Dauer. Wegen seiner Körperfülle kommt er ohnehin nur als Torwart in Frage. Er eignet sich nicht für das

Laufen, bedingt auch durch sein inzwischen chronisch gewordenes Asthma. Als er bei seinem zweiten Einsatz zu wenig Bälle hält, ist es mit seinem Ausflug in das Leben der angehenden „richtigen“ Männer vorbei. Zu seiner Enttäuschung wird er nicht mehr aufgestellt.

Die Atembeschwerden werden schlimmer, weshalb man ihn in den Sommerferien zur Kur nach Bad Reichenhall schickt. Das Einfahren in die Salzberge verspricht Heilung. Und wieder wird aus diesem Aufenthalt eine Zeit voller Demütigungen. Auch hierher war sein Krankenblatt übermittelt worden, und wieder muss er sich unzählige Male am Körper herumfummeln lassen. Er wird ständig untersucht, muss mit frechen, aufsässigen Knaben spielen, die nichts anderes im Kopf haben, als Mädchen und Pflegerinnen zu ärgern. Wenn jemand bei üblen Streichen erwischt wird, bestraft man ihn, weil er nicht schnell genug weglaufen kann. Wenn er sich beschwert, wird ihm der Mund mit Pflaster zugeklebt, und das stundenlang.

Doch auch hier gibt es eine Person, wie zu Haus eine Tante, die hin und wieder einfühlsam in die tiefen, schwarzen, melancholischen Augen des rundlichen, kränkelnden Kindes schaut und wohl ahnt, dass da etwas Außergewöhnliches vorgeht. Es ist eine Nonne. Dann nimmt sie ihn in die Arme, streichelt sein schwarzes, seidiges Haar und tröstet ihn wortlos.

In solchen Momenten quellen seine Sehnsüchte, seine unterdrückten Träume kraftvoll hervor. Am liebsten würde er in solchen Augenblicken unter den Nonnenrock kriechen und die Seidenstrümpfe streicheln, am liebsten würde er es sich zwischen den warmen Schenkeln gemütlich machen, am liebsten würde er nie wieder herauskriechen.

Ja, das sind die Träume, über die er mit niemandem sprechen kann. Er fängt an, sich Vorwürfe zu machen, glaubt aber fest, dass sein Anderssein mit seiner Krankheit zu tun hat.

Aber er merkt auch die Veränderungen bei anderen Knaben seines Alters. Sie beginnen, Mädchen zu ärgern, um sich später mit ihnen ins Gebüsch zu legen. Für ihn ist es hingegen eine schlimme Zeit, denn er will Mädchen nicht zunächst mit Steinen bewerfen, um sie danach zu küssen. Er hat eine starke Verachtung für alles, was mit Gewalt zu tun hat.

Das erste Mal verliebt er sich mit vierzehn Jahren. Es ist für lange Zeit das einzige, auch sexuell erfüllende Erlebnis.

Wie es sich in katholischen Städten gehört, dient er als Ministrant. Ausgerechnet in der Sakristei wird er von einem Mädchen auf wunderbare Weise an den erotischen Zauber der Liebe herangeführt. Ein Erlebnis, dass ihn für die folgenden Jahre außerordentlich prägt. Doch kann er das Neue nur kurze Zeit genießen. Die Ärzteschaft rät den Eltern zu einer Operation. Dem Jungen wird nicht genau gesagt, welcher Eingriff vorgenommen werden soll. Er hat sich schon lange daran gewöhnt, nicht zu viel zu hinterfragen, denn er weiß, man würde ihn ohnehin nicht detailliert und vollständig informieren. Durch seinen älteren Bruder erfährt er später beiläufig, man habe im Krankenhaus versucht, seine Hoden herunterzuholen. Das also war offenbar der Sinn der Operation!

Aber die für seine Zukunft verheerende Entscheidung wird danach von Ärzten in Abstimmung mit den Eltern getroffen: Dem heranwachsenden, jungen Menschen wird ab dieser Zeit Testosteron gespritzt. Alle drei Wochen muss er zu seinem Hausarzt, um sich die Spritze geben zu lassen.

Jetzt beginnt für ihn die Hölle, aus der es keinen Ausweg mehr zu geben scheint. Er stürzt sich in das Leben! Nein, er landet nicht in der Gosse; das Gegenteil ist der Fall. Er geht schon weit vor der Hochschulreife regelmäßig in die Universität, in die dortige Bibliothek. Dort hat er die Möglichkeit, an jede Art von Literatur heranzukommen. Er ist nicht nur an jede Richtung der Weltliteratur interessiert, er macht sich auch auf die Suche nach Büchern, in denen er etwas über seine Träume, seine heimlichen Wünsche, seine scheinbar krankhaften Neigungen erfahren könnte.

Nach der Operation beginnt ein neues Leben für den 14-jährigen jungen Menschen. Er hört zwar immer aufmerksam zu, wenn sich die „Erwachsenen" über sein Schicksal unterhalten, aber er versteht nichts. Sie reden in seinem Beisein verschlüsselt, verlogen, er traut ihnen nicht, hat ihnen im Grunde nie getraut.

Wie oft träumt er in einsamen nächtlichen Stunden davon, schmeichelnde, samtige Stoffe berühren zu dürfen? Warum hat er ein so starkes Verlangen nach weichen, fließenden Materialien? Sie ziehen ihn an, sein gesamtes Leben sind sie für ihn bedeutungsvoll.

Eine neue Hoffnung keimt auf, als der Gemeindepfarrer um Mitarbeit in der Theatergruppe bittet. Der 14-Jährige sieht eine Chance, sich von der brutalen pubertierenden Knabenszene zu entfernen, ohne das Gesicht zu verlieren, kann er doch dort zumindest in seiner freien Zeit in eine andere Rolle schlüpfen.

Doch was für eine Rolle wird ihm übertragen? Ist es sein Schicksal, der Präsenz des Themas „Ärzte“ nicht wenigstens in der freien Zeit entrinnen zu können? Er spielt die Hauptrolle im Stück „Der Arzt wider Willen“ und zudem im gleichen Stück die Rolle des Holzhauers mit einer zänkischen Frau.

Aber, kaum hatte er schließlich an der Universität mit dem Studium begonnen, gründet er die „Theatercompagnie“ und feiert dort große Erfolge, die im ganzen Bundesland wahrgenommen werden! Auch wird ihm für seine literarischen Arbeiten der Bayrischer Literaturpreis verliehen.

***

Ich konnte meine Tränen nicht mehr zurückhalten. Was gab es doch in dieser, inzwischen aufgeklärten Welt für Verbrechen! Ja, ich nannte es ein Verbrechen an einem Kind, das hilflos Eltern und Ärzten ausgesetzt war und sich niemals wehren konnte. Dieser Mensch hatte sein ganzes Leben in einem künstlich hergestellten Körper verbracht, hatte seine Gesundheit ruiniert, war völlig hilflos geworden im Umgang mit Ärzten und der Medizin. Er hatte alles geschluckt, was ihm vorgeschrieben wurde, und war dennoch so menschlich, so gebildet und klug.

Morgendliches Möwengeschrei verkündete uns das Ende der Nacht. Ich öffnete das Fenster, und wir sahen in spätsommerlichen Nebelschwaden über der Ostsee die Sonne aufgehen. Wir hatten gar nicht bemerkt, dass wir die ganze Nacht hindurch geredet hatten und keinerlei Ermüdungserscheinungen aufgekommen waren. Schnell schlüpften wir in Jogginganzüge und begrüßten bei einem Morgenspaziergang den neuen Tag. Die zwei Flaschen Champagner, die wir getrunken hatten, zeigten jetzt an der frischen Morgenluft ihre Wirkung. Wir bekamen Hunger und gingen nach zweistündiger Strandwanderung zum Frühstück.
In meinem Kopf drehte sich alles. Ich fing an, das nächtliche Gespräch zu verarbeiten. Ich hatte mich also nicht

geirrt bei meiner Vermutung, dass dieser Mensch ein Geheimnis haben musste. Aber weshalb hatte er ausgerechnet mir dieses Geheimnis anvertraut?

Wir kannten uns erst fünf Tage. Er hatte eine feste Freundin. Wieso also hatte er sich mir gegenüber geöffnet?

„Wenn das Herz entscheidet, kann man nichts falsch machen." Wer auch immer diesen klugen Satz einmal gesagt hat, es war mir egal, aber ich wusste, ich hatte eine Aufgabe, um die ich mich kümmern musste. Ich konnte nicht anders. Alles, was ich beruflich angepackt hatte, war immer nur dann wirklich erfolgreich gewesen, wenn ich meiner inneren Stimme gefolgt war. Und so sehr es mir am Herzen lag, über die rechtsradikale Szene zu berichten und Aufklärungsarbeit zu leisten, so deutlich hatte ich in der letzten Nacht erkannt, dass dieser Mensch, dem ich scheinbar zufällig begegnet war, der mir nach wenigen gemeinsamen Tagen ein Geheimnis anvertraut hatte, genau so viel Aufmerksamkeit benötigte wie dieses ungebildete, fanatische Gesindel, das sich einbildete, das tausendjährige Reich auferstehen lassen zu müssen!

Schweißgebadet erwachte ich aus einem Alptraum. Ich war vor Erschöpfung eingenickt. Die schlaflose Nacht, meine verletzte Schulter, der Kollege – all das war wohl doch ein bisschen zu viel gewesen!

Aber wieder: Wir hatten uns ein windgeschütztes Plätzchen am Strand gesucht, um die Mittagssonne zu genießen, und er war derjenige, der die Situation sofort im Griff hatte. Er beruhigte mich, denn er hatte natürlich bemerkt, dass mich ein Traum gequält hatte, und schlug vor, nach einem starken Kaffee und einem guten norddeutschen Streuselkuchen, die Weiterfahrt Richtung Rostock anzutreten.

Aber genau das wollte ich nicht mehr! Mir war die Lust vergangen, dem Pöbel hinterher zu hecheln. Ich hatte mich entschieden – wusste aber nicht, wie ich es ihm beibringen sollte.

„Ich werde morgen in der Redaktion anrufen und bitten, mich freizustellen“, sagte ich, nachdem wir schon mehr als eine Stunde im Auto saßen. „Schließlich bin ich mit der verletzten Schulter nicht mehr voll einsatzfähig. Das ist für unsere Arbeit ein zu großes Risiko. Ich bin doch für dich eher ein Klotz am Bein als eine vollwertige Kollegin.“ Gut, dass mir das Argument mit dem Gesundheitszustand eingefallen war, dachte ich, denn dem konnte er nichts entgegensetzen.

Natürlich, wie konnte es auch anders sein, hatte er volles Verständnis für meine Argumentation. Aber: „Du führst etwas anderes im Schilde“, sagte er. „Ich spüre das. Du bist nicht der Typ, der wegen einer Verletzung das Handtuch wirft. – Außerdem würde ich es sehr bedauern, wenn sich unsere Wege nach so kurzer Zeit schon wieder trennen würden", fügte er hinzu.

„Ich hatte gerade angefangen, zu dir ein Vertrauensverhältnis aufzubauen. Und beruflich sind wir doch ein starkes Team!"

„Unsere Wege werden sich trennen, sicher nicht für immer, aber ich muss aus unserer Sache aussteigen." So bestimmt hatte ich lange nichts ausgesprochen. Es stand fest, und er konnte mich an meiner Entscheidung nicht mehr hindern.

Nein, ich wollte mich in Zukunft von überhaupt niemandem mehr an irgendeinem Vorhaben hindern lassen. Warum also nicht gleich hart durchgreifen? Auch wenn er in seiner Situation sicher der zunächst Leidtragende sein würde. Aber ich wollte nicht immer nur Rücksichten nehmen!

Einen Abend noch verbrachten wir in der Nähe von Rostock. Ich hatte noch so viele Fragen, und er antwortete auf alles, was mich interessierte. Ich hörte genau zu, speicherte alle wichtigen Details in meinem Kopf und sah mich schon in der medizinischen Abteilung der Münchner Universitätsbibliothek. Ich war mir sicher, über dieses Thema musste ich etwas veröffentlichen. Und wieder einmal war mir klar, es würde nicht einfach sein.

Mir war aber auch klar, dass ich den Kontakt zu ihm nicht abbrechen werde, denn ich wollte versuchen zu erfahren, wie man einem solchen Menschen helfen kann.

Die Redaktion konnte nicht anders, als einen Kollegen für mich zu schicken, schließlich hatte ich ein ärztliches Attest. Meine Abreise inszenierte ich so unspektakulär wie möglich. Ich wollte keine unnötigen Abschieds-Emotionen aufkommen lassen.

Ich fuhr mit dem ersten Zug Richtung Süden.

Um nicht zu Haus den Eltern Rede und Antwort stehen zu müssen, bezog ich ein Zimmer in einer kleinen Pension.

***

Gleich am nächsten Tag ging ich in die mir sehr vertraute Universitäts-Bibliothek und suchte nach Literatur zum Thema „Uneindeutiges Geschlecht“. Ich wurde fündig!

Bereits im Jahr 1920 gab es in Dresden eine Operation vom Mann zur Frau!

Und wieder wurde ich wütend. Mein Kollege war sein gesamtes Leben in ärztlicher Behandlung, und niemand hatte jemals nach seiner Psyche gefragt. Alle drei Wochen wurde er mit Testosteron zugespritzt – das war's. So gut kannte ich ihn inzwischen, um zu wissen, dass er sich nicht wehren konnte – obwohl er hochgebildet war, sogar in Philosophie promoviert hatte. Aber warum? Ich musste ihn dazu noch einmal ausführlich befragen.

Bei meiner Recherche erfuhr ich weiter, dass tausende von Menschen, die sich in einer solchen Situation befinden, Suizid begehen, weil sie niemanden haben, dem sie sich anvertrauen können. Das Problem gibt es weltweit. In Deutschland kommen etwa 0,7 Prozent der Neugeborenen mit uneindeutigem Geschlecht auf die Welt.

Nachdem ich alle relevanten Informationen notiert hatte, rief ich ihn an und fragte, wann er denn nach

Abschluss der Recherche im Norden wieder zurück in München sei.

Wir trafen uns zum Abendessen in einer Ecke meines Lieblings-Restaurants. Er war sichtbar erfreut über das Wiedersehen und erkundigte sich zuerst nach dem Zustand meiner angerissenen Schulter.

Ich hingegen wollte nach meiner wochenlangen Recherche gleich zu jenem Thema kommen, das er mir als ersten Menschen überhaupt anvertraut hatte. Dieser Vertrauensbeweis hatte mich ungeheuer beeindruckt, und dieses Vertrauen wollte ich jetzt nutzen. Ich fragte ihn nach seinen Empfindlichkeiten – und zwar sehr direkt. Sein Inneres, das spürte ich, war wie in einer „Schlinge" gefangen, aus der er sich eigentlich befreien wollte, es aber nicht schaffte, diese „Befreiung" durchzustehen. Es war offenkundig: Er hatte sich sein Leben lang als Frau gefühlt.

Jetzt wurde ich streng mit ihm und fragte, wie lange er dieses Leben voller Heimlichkeiten und künstlichem „Mann-Sein" denn noch ertragen wollte?

Er gestand schließlich, er habe immer Frauenkleider in seinem Koffer und trage diese auch, wenn er in seinem Zimmer allein sei. Auch trage der Rotweinkonsum dazu bei, diese heimlichen Wünsche zu betäuben.

Mein dringender Wunsch, dass er für sich eine Veränderung herbeiführen würde, steigerte sich zur Wut. Ich fragte, ob ihm klar sei, wie sehr er mit seinem Verhalten sein restliches Leben vergeude. Er sei dafür zu jung! Er müsse endlich ein wünschenwertes, lügenfreies Leben führen! Ich berichtete, ich habe inzwischen ausführlich recherchiert, und erklärte ihm die medizinischen Möglichkeiten, die bestünden, um endlich eine Frau zu werden. Er müsse es nur aus voller Überzeugung wollen!

Als ich geendet hatte, erschien er mir wie ein kleines, überrumpeltes Wesen. Er hatte Tränen in den Kulleraugen. Ich hatte die empfindlichste Stelle seiner Seele, seines Daseins so direkt angesprochen, dass er nun gezwungen war, ebenfalls klar darüber zu sprechen und sich selbst eine Entscheidung aufzuerlegen.

Ich erschrak ein wenig, als ich ihn so mit den Tränen kämpfen sah, und er tat mir unendlich leid. Aber ich konnte nicht anders, als ihn zu bitten, mit sich ins Reine zu kommen.

Er bat mich, ihn diesen Abend nicht allein zu lassen. Wir fuhren in seine Wohnung und öffneten eine Flasche Rotwein. Doch ich entließ ihn nicht aus meiner Fragestellung. Ich hatte mich auf dieses Gespräch vorbereitet, worüber er zwar erstaunt, aber nicht besonders überrascht zu sein schien. In einem Zwischensatz erwähnte er die emotional-vertraute Stimmung in der Nacht am Meer, nach der ich mich so plötzlich verabschiedet hatte.

Wenig später lagen wir in seinem Bett und umarmten uns sehr lange und innig. Ich konnte in seiner Gegenwart nicht einschlafen. Mir fielen die ersten gemeinsamen Stunden der Fahrt in den Norden ein. Ich erinnerte mich, dass ich diesen Menschen von Anfang an nicht als „typischen“ Mann empfunden hatte, und jetzt war mir klar, weshalb. Und mir fiel auf, dass ich ihn nie bei seinem männlichen Vornamen angesprochen hatte, der hatte von Anfang an intuitiv für mich nicht gepasst. Seit der vertrauensvollen Nacht am Meer nannte ich ihn nur noch „Kuschel“!

Schon beim Frühstück am nächsten Morgen gab Kuschel mir seine Entscheidung bekannt: Er wollte so schnell wie möglich alle medizinisch-notwendigen Termine vereinbaren und bat mich, ihn dabei zu unterstützen.

Jetzt fühlte ich mich fast ein wenig überrumpelt und wollte wissen, ob er von mir derart in die Enge getrieben worden war, dass er so schnell entschieden hatte. Wie so oft in Situationen, in denen ich mit meiner Offenheit Menschen brüskiert hatte, überkam mich auch jetzt wieder ein schuldhaftes Gefühl. Er aber nahm mich zärtlich in seine Arme und drückte mich so fest an sich, dass ich kaum noch atmen konnte. Er sagte mir, er habe diesen Befreiungsschlag dringend gebraucht. Ohne mich hätte er möglicherweise sein ganzes Leben weiter in dieser Lüge mit sich selbst und gegenüber anderen Menschen gelebt.

***

Jetzt ging es tatsächlich Schlag auf Schlag! Kuschel beantragte zuallererst den verdienten Jahresurlaub, nachdem der Bericht aus dem Norden übergeben wurde.

Kuschel fuhr nicht mehr zu ihrem Testosteron-Arzt und schon nach wenigen Wochen wuchs ihr ein Busen.

Leider war der erste Besuch beim Endokrinologen nicht gerade erbaulich und aufmunternd. Er sagte Kuschel nach der ersten Untersuchung, sie möge doch beim nächsten Termin im Rock und nicht in einer Hose kommen.

Was für eine empathielose und zynische Empfehlung! Als ich davon erfuhr, wäre ich am liebsten gleich zu diesem Professor gefahren und hätte ihn zur Rede gestellt. Am liebsten hätte ich darüber einen Artikel in unserer überregionalen Zeitung veröffentlicht. Aber Kuschel hielt mich davon ab.

Zeitfüllende Termine bei unterschiedlichen Ärzten bestimmte jetzt das Leben. Priorität hatte die Verabredung mit einer Psychotherapeutin. Für die Namensänderung waren zwei unabhängige Gutachten nötig.

Für mich wurde es jetzt Zeit, aus der abgeschiedenen kleinen Pension in mein Apartment im elterlichen

Haus zurückzukehren. Meine angebrochene Schulter war verheilt und so war ich keinen unangenehmen Fragen ausgesetzt. Dennoch wollten die Eltern Genaueres über den so langen, anhaltenden Aufenthalt in Norddeutschland erfahren. Wie es denn so gewesen sei in der rechtsextremen Szene. Ich war erfahren genug, die Fragerei mit ein paar pauschalen Aussagen abzuwürgen, bat aber darum, mich in den nächsten Wochen mehr oder weniger zu entschuldigen, da ich mit einer neuen, hochinteressanten Story nicht nur regelmäßig im Verlag, sondern sehr oft auch abends engagiert sei.

***

Wir trafen uns zwei- bis dreimal in der Woche, schließlich wollte ich den Fortgang von Kuschels Entwicklung genau verfolgen. Ich war erstaunt über das Tempo, das sie vorlegte. Fast jeden Morgen fuhr sie mit dem Fahrrad in ein Schwimmbad, um das Gewicht zu reduzieren, hatte dann Termine beim Epilieren des Bartwuchses, was erstaunlich schnell zum Erfolg führte. Auch war der Traum, endlich einmal rot-lackierte Fingernägel zu haben, in Erfüllung gegangen, denn direkt neben ihrer Wohnung hatte ein Nagelstudio eröffnet. Und Kuschel achtete sehr auf weibliche Äußerlichkeiten.

Eine Untersuchung bei einer Kernspin-Ärztin brachte neue, aber auch enttäuschende Ergebnisse ans Licht. Die Ärztin stellte fest, dass Kuschel, wie erwähnt, mit 14 Jahren eine Unterleibsoperation hatte. Aber, das ließ sich erkennen, damals und heute waren im Körper keine männlichen Samenstränge. Möglicherweise waren aber Gebärmutter oder Eierstöcke vorhanden gewesen, die bei der Operation wohl entfernt worden waren.

Beide waren wir sprachlos, als wir den Brief mit dem Ergebnis der Untersuchung immer und immer wieder durchlasen. Was war damals bei der Operation wirklich passiert? Die Eltern waren beide verstorben, sie konnte Kuschel nicht mehr fragen. Es blieb nur der

Weg, mit dem älteren Bruder Kontakt aufzunehmen, der als Haupterbe nach dem Tod der Eltern Zugang zu allen Unterlagen hatte.

Kuschel war dagegen. War doch dieser Bruder ein selbstherrlicher Begleiter ihres Lebens gewesen, der während der Pubertät mit furchtbaren Methoden versucht hatte, aus ihr einen richtigen Mann zu machen. Er hatte sie gequält, körperlich misshandelt und später für halbkriminelle Autofahrten nach Tschechien auszunutzen versucht. Kuschel wollte ihn nicht treffen!

Da ich mich inzwischen so sehr mit dem Thema „Intersexualität“ beschäftigt hatte, wollte ich auf dem Weg zur vollständigen Aufklärung nicht das Handtuch werfen und setzte mich durch.

Wir trafen uns im Wohnort des Bruders in einem Lokal. Sehr schnell war klar, Kuschel hatte ihre Gründe. Der Bruder war definitiv ein überzeugter Macho, der tatsächlich die Geschichten vom „Knödelreiten“, wie es in Bayern heißt, erzählte. Das heißt, der größere, schwerere Bruder liegt auf dem unter ihm liegenden jüngeren, der mit ausgestreckten Armen auf dem Körper des Bruders „herumreitet“. Er war auch noch stolz darauf, so wie er es erzählte! Zwar akzeptierte er, dass Kuschel jetzt als Frau leben würde, doch es war nicht zu übersehen, dass er mit dieser Entscheidung nicht viel anzufangen wusste. Für mich war dieser Besuch dennoch hilfreich, bestätigten sich doch die Berichte aus der Kindheit und Jugend.

Hinsichtlich der Krankheitsgeschichte war dieses Zusammentreffen leider erfolglos, denn der Bruder hatte alle Unterlagen vernichtet. Er erinnerte sich nur daran, dass es mit 14 Jahren eine Operation gegeben habe, bei der versucht worden war, die Hoden herunterzuholen.

Wir fuhren frustriert zurück. Ein weiterer Versuch, an Daten der damaligen Operation zu kommen, war die Kontaktaufnahme mit dem Hausarzt, der 38 Jahre die Testosteron-Spritzen verabreicht hatte.

Glücklicherweise gab es diese Praxis noch. Sie war zwar inzwischen vom Sohn übernommen worden. Auch er konnte nicht weiterhelfen, da angeblich auch dort alle Akten bereits vernichtet waren.

Jetzt konnte ich meiner Wut kaum noch entkommen! Wie war es möglich, dass in einer mittelgroßen, allerdings extrem-katholischen Großstadt mit einer hochanerkannten Universitätsklinik Unterlagen vernichtet werden! Und das bei einem „Fall", der auch für diese Stadt gewiss außergewöhnlich war. Ich kochte vor Wut, argumentierte auch entsprechend. „Man kann heute noch die Unterlagen der Nazis von Mengele einsehen, aber von einem Kind, dass 38 Jahre künstlich zum Mann gespritzt wurde, gibt es keinerlei Aufzeichnungen mehr!"

***

Im Verlag wurde ich unterdessen gefragt, ob ich denn noch Kontakt zu dem Kollegen habe, mit dem ich die Recherche in Norddeutschland begonnen hatte. Ich wurde hellhörig! Lag da etwas in der Luft? Ich erfuhr, dass sich Kuschel nach dem Jahresurlaub noch für zwei Monate hatte krankschreiben lassen. Ich erklärte, ich habe hin und wieder telefonischen Kontakt. Mir wurde aber klar, dass jetzt der Verlag dringend informiert werden musste.

Wir trafen uns und besprachen die Vorgehensweise. Zunächst luden wir drei engere Kollegen, mit denen wir beide schon gearbeitet hatten, zu einem Abendessen ein, um zu sehen, wie diese auf die neue Situation reagieren würden. Zwei der Kollegen waren schockiert, als sie von der Lebenslüge, dem künstlichen Mann erfuhren, der dritte Kollege war sehr skeptisch und empfahl, doch als Mann weiterzumachen und das Weibliche im Privaten zu leben.

Wie gefestigt Kuschel inzwischen in ihrer Weiblichkeit war, merkte ich an der Reaktion auf diesen Abend. Kuschel endschied, so schnell wie möglich einen Termin bei der Verlagsleitung zu vereinbaren, um ihr „Outing“ bekannt zu geben, bevor es in der Redaktion zu „Schwatzereien“ komme.

Kuschel hatte inzwischen von zwei Gutachten die Bestätigung, sie sei eine Frau, und bereits einen neuen Pass sowie einen neuen Personalausweis beantragt. Sie war als Frau inzwischen kraftvoller, als sie es als Mann zuvor war, und selbstbewusster geworden. Sie fühlte sich wie neu geboren in ihrem Frausein. Was konnte ihr also passieren – außer, dass es überall auf der Welt Menschen gibt, die mit einer derartigen Situation nicht umgehen können.

Auch in ihrem Freundeskreis gab es nicht nur Begeisterung. Aber sie versuchte, der Skepsis und Ablehnung mit verständnisvoller Energie zu begegnen. Immerhin kannten sie diese Menschen seit ihren Schul- oder Studienjahren und brauchten Zeit, um sich an ihre Veränderung und den weiblichen Vornamen zu gewöhnen.

Wir trafen uns bei unserem Lieblings-Italiener an dem Abend, nachdem Kuschel mit der Verlagsleitung über die neue Identität gesprochen hatte. Voller Neugier wollte ich wissen, ob das Gespräch in erträglicher Offenheit stattgefunden hatte und die nächste Hürde genommen war. Ich spürte rasch, dass eine unsichtbare Wolke in der Luft lag, und wurde hellhörig. Kuschel, die in den letzten Monaten so glücklich und zufrieden war, hatte seit langem wieder einen sehr melancholischen, unsicheren Schatten in den schwarzen Kulleraugen! Was war passiert?

Und anstatt auf meine Fragen zu antworten, kam von Kuschel eine ungeheuer direkte Frage zurück: „Könntest du dir vorstellen, für ein Jahr eine berufliche Auszeit zu nehmen und mit mir in den sonnigen Süden gehen? Ich möchte das neue Leben als Frau erfahren und erleben!“

Ich verschluckte mich an meinem Prosecco und bekam einen Hustenanfall. Nochmal: Was war passiert? Kuschel wollte nicht erzählen, wie das Gespräch im Verlag verlaufen war, sie erklärte nur, ihr Gefühl sage ihr, sie müsse sich für ein Jahr aus dem heimischen Umfeld lösen, um danach auch wirklich als volle Frau anerkannt zu sein.

Jetzt fing mein journalistisches Gehirn wieder an, heiß zu laufen. Ich stellte Fragen: Was würden die Freunde dazu sagen? Die Freundin? Das persönliche Umfeld? Kuschel antwortete kurz: Die Freundin habe längst einen anderen. Sie sei selbst gesundheitlich angeschlagen gewesen und habe nicht die Kraft gehabt, den Identitätswechsel zu begleiten. Und alle anderen Freunde könnten ja auch während eines Auslandsaufenthaltes Kontakt mit ihr pflegen, wenn es ihnen wichtig sei.

Heute gab es kein zweites Glas Wein. Ich musste nach Haus, wollte allein sein, um über all das nachzudenken, was an diesem Abend über mich hereingebrochen war. Es wurde erneut eine schlaflose Nacht.

In der Redaktion war ich derzeit in ein schwieriges soziales Projekt eingebunden, das meine volle Konzentration verlangte. Ich ertappte mich am nächsten

Tag aber immer wieder dabei, dass ich an das gestrige Gespräch dachte. In der Nacht war ich zu keiner Entscheidung gekommen, doch ich merkte plötzlich, dass ich auch Gefallen an der vorgeschlagenen „Auszeit“ fand. Die Gesetze standen nicht im Wege, ein Arbeitgeber konnte eine Auszeit mit anschließender Wiedereinstellung nicht verweigern. Weshalb es also nicht versuchen, in der Mitte des Lebens eine neue, unbekannte Erfahrung zu machen? Und zudem wäre es eine Gelegenheit, die sehr belastende Situation im Haus der Eltern für eine Weile hinter mir zu lassen?

Meine Gedanken kreisten darum, wie alles angefangen hatte, mit Kuschel, das Vertrauen, das Kuschel in mich gesetzt hatte, mein Entsetzen darüber, wie das Leben dieses hochgebildeten, liebevollen Menschen jahrzehntelang verlaufen war, bestimmt durch medizinische Entscheidungen. Monatelang hatte ich mitgekämpft, damit dieser Mensch endlich ein glücklicheres Leben führen konnte. Würde ich Kuschels Angebot ausschlagen, dann käme es zu einer langen Trennung, in der ich nicht mehr am Verlauf des Lebens als Frau teilhaben könnte.

Nach drei Tagen „Funkstille“ rief ich an und bat um ein Treffen beim Stamm-Italiener. Und wieder stellte ich fest, dass Kuschel weder drängte noch nachfragte, sondern einfach nur erfreut über meinen Anruf war.

Dennoch: Ich spürte sofort, dass eine gewisse Anspannung auf Kuschel lastete, da ich ja am Telefon keinerlei Hinweise auf den Grund des Treffens gegeben hatte. So neutral-banal hatten wir uns noch nie begrüßt.

Da ich aber diese eigenartige Stimmung schnell beenden wollte, kam ich gleich zum Thema. Ich sagte Kuschel, dass ich es nicht aushalten würde, ein Jahr nicht teilhaben zu können. Ich habe mich entschieden, mit in den Süden zu gehen. Ich habe in der Verlagsleitung sogar schon vorgeschlagen, dass wir beide hin und wieder redaktionelle Essays über die besuchte Region schreiben könnten, bestimmt für eine Veröffentlichung in Deutschland. Jetzt müsse aber erst einmal eine Region gefunden werden.

Es ist kaum zu beschreiben, wie blitzartig sich Kuschels Gesicht veränderte, und aus den schwarzen Kulleraugen rollten Tränen auf ihre fein geschminkten Wangen. Es waren Freudentränen, das war nicht zu übersehen! Kuschel zog meine Hände über den Tisch zu sich und drückte sie fest, um Dankbarkeit und Freude auszudrücken.

Das Essen war jetzt unwichtig, es wurde sofort damit begonnen zu planen.

***

Da ich in unserer Stadt einige Kontakte zu Künstlern hatte, die zeitweise in Deutschland, zeitweise in Italien lebten, bekamen wir sehr schnell eine Anlaufadresse von deren Freunden in Italien. Nach wenigen Wochen der Organisation fuhren wir mit vollgepacktem Auto über den Brenner und wurden immer entspannter.

Wir hatten einen Kontakt in den Marken, einer Region zwischen Rimini und Ancona, die in Deutschland wenig bekannt war.

Selbstverständlich suchten wir uns erst einmal eine Pension am Meer. Die salzige Meeresbrise entfachte sofort bei uns beiden ein Gefühl der Glückseligkeit. Endlich wieder einmal am Meer und das für ein ganzes Jahr!

Freundschaftlich und offen verlief das erste Treffen mit den empfohlenen Freunden aus Deutschland. Diese Begegnung war ein Glückstreffer. Anastasia und Mirko, ein Ehepaar, aufgeschlossen; die Frau war Lehrerin für deutsch und englisch, hatte lange in Südtirol gearbeitet, sprach also auch unsere Sprache, der Mann, ein Designer, weltoffen und spontan.

Schnell begann die Suche nach einem geeigneten Haus.

Auch hier wurden wir von positiven Erlebnissen und Begegnungen überrascht. Zum einen Susanne von Oldenburg, eine Deutsche, die seit langer Zeit diese Region bewohnte und als Maklerin interessante Objekte betreute, zum anderen die italienische Dottoressa Fausta, die einige Immobilien-Geheimtipps kannte, die wir auch besichtigen konnten. Mit beiden blieben wir während unseres Aufenthaltes eng befreundet.

Unvergesslich wurden zudem die Begegnungen mit Gilberto, seiner Frau Gudrun und Tochter Giulia, einer italienisch-deutsche Unternehmer-Familie mit einem Haus in den Hügeln hinter Senigallia. Das Anwesen, ein ehemaliger Bischofssitz, war zu verkaufen. Ein Traum! Das historische Gebäude bot viel Platz und bezauberte durch seine positive Ausstrahlung. Aber wir suchten ja etwas zu mieten, nicht zu kaufen.

Im Internet fanden wir ein deutsches Ehepaar, das sich schon zehn Jahre zuvor den Italien-Traum erfüllt hatte und ein „Bed and Breakfast“ in den marchegianischen Hügeln betrieb.

Wir trafen uns mit dem Ehepaar zum „Cena“, in unserem neuen Lieblingsrestaurant am Strand. Auch hier wurde sofort klar, es gab eine gemeinsame Wellenlänge. Ingalus hatte als Journalistin viel von der Welt gesehen, und Ekurd, eigentlich Jurist, war als Kabarettist und politischer Liedermacher hingebungsvoll der Kunst verfallen.

Alles ging so schnell! Aus den wenigen Kontakten ergaben sich rasch weitere Kontakte, vor allem mit Italienern. Es war unkompliziert, man duzte sich sofort, kannte sich nur beim Vornamen, egal ob Anwalt, Arzt oder Künstler.

Es gab Pico, den Lehrer, der auch Schultheater im Stadttheater zur Aufführung brachte. Und es gab Peter Orban, geboren in Ungarn, Diplomatensohn, der auch in Deutschland zur Schule gegangen war und sich von seinen ungarischen Verwandten distanziert hatte, weil diese sich der inzwischen politisch Rechts-Außen-Bewegung angeschlossen hatten. Als Künstler und Literat betreute er eine Theater-Companie in Mailand und holte diese zu Aufführungen in sein Haus in den Marchen.

Alles war zu schön, um wahr zu sein. Wir waren inzwischen eine Gruppe von Freunden, die sich mindestens einmal in der Woche traf.

War das der Traum vom „dolce Vita italiana"?

***

Dann kam der Tag der Immobilie!

Wir fuhren nach einer Besichtigung auf einer schmalen Straße oberhalb des Meeres und sahen, darauf waren wir inzwischen fixiert, an einem Haus das Schild „Affiti“. Das heißt: „Zu vermieten“.

Sofort notierten wir die Telefonnummer und kontaktierten die Besitzer des Anwesens. Schon am nächsten Vormittag hatten wir den Besichtigungstermin.

Auch wenn die Möblierung nicht unserem Geschmack entsprach, war es doch ein Glücksfall. Ein Haus mit direktem Meerblick, mit verschiedenen Gästezimmern, beide hatten wir ein eigenes Bad, ein eigenes Schlafzimmer, ein eigenes Büro. Drum herum ein riesiger Garten. Und auch der Mietpreis war für uns akzeptabel.

Die Entscheidung fiel sofort! Hier konnten wir es gut ein Jahr aushalten, ohne dass wir uns dabei auf die Nerven gehen würden, denn jede hatte ihren privaten Bereich.

Die Formalitäten wurden schnell erledigt. Wir fühlten uns sprachsicher, denn wir hatten uns täglich am Abend eine Stunde intensiv mit Vokabel-Lernen auf diffizile Verhandlungen vorbereitet. Und ein „Dizionario“ hatten wir immer griffbereit dabei. Deshalb gab es keinerlei Schwierigkeiten beim Abschluss eines Vertrages. Auch die Eröffnung eines italienischen Kontos lief ohne Probleme. Und so konnten wir nach wenigen Tagen mit unseren Koffern in das neue Domizil einziehen.

Es gab auch einige Probleme. Das Haus verfügte über keinen Internetanschluss, den wir aber dringend für die Kontakte zum Verlag und zur übrigen Welt benötigten. Die Verhandlungen mit der Telecom Italia führten zu Ärger, denn es dauerte eine Weile, bis das Telefon zum Internetanschluss eingerichtet wurde.

Die Wartezeit überbrückten wir mit stundenlangen Ausflügen am Meer in der Frühlingssonne mit unseren mitgebrachten Fahrrädern. Wir wollten auf die Unannehmlichkeiten mit Gelassenheit reagieren, schließlich waren wir ja hier, um eine Auszeit zu nehmen. Der Wonnemonat Mai machte auch hier seinem Namen alle Ehre. Der Oleander blühte, das Rosmarinbeet, der Lavendel, die wilden Rosen, wilde Himbeeren, es war wie im Paradies.

Im Garten blühten die Kastanienbäume. Jetzt wurde es Zeit, ein großes Fest mit den neu gewonnenen Freunden zu veranstalten. Und das war es dann auch! Es wurde gegessen, getrunken, getanzt und gesungen. Im Haus gab es ein Klavier, die Freunde hatten Gitarren, ein Saxofon und andere Instrumente mitgebracht. Auch Donatella und Cinzia, zwei hilfsbereite Haushaltshilfen, waren gefunden worden, die mit Bravour bei der Bewirtung und im Haushalt halfen und zu unverzichtbaren Freundinnen wurden.

Für uns beide war es eine der schönsten Maiennächte, die wir je erlebt hatten. So frei, ungezwungen, zweisprachig und fröhlich
hatten wir diese Stimmung in unserem bisherigen Freundes- und Kollegenkreis nicht erlebt.

Schon im Juni war das Meer so aufgeheizt, dass die Badesaison beginnen konnte. Die Touristen waren noch nicht da, und so konnten wir einen idealen Strandplatz mieten. Mit kleinen Köstlichkeiten wurden wir in den Restaurants am Meer verwöhnt. Wir waren zufrieden. Es gab regelmäßige Treffen im Kino, auf Vernissagen und Konzerten in den umliegenden Orten. Wir hätten es vor unserer Entscheidung, ein Jahr Auszeit zu nehmen, nicht für möglich gehalten, dass alles so eintreten würde, wie es jetzt für uns lief.

Kuschel hatte sich dank Internet inzwischen einen neuen Job bei einem anderen Verlag gesucht. Sie lektorierte Bücher, hatte somit ihr Auskommen für die Miete und die Kosten, die hier in Italien und ja zudem in der heimatlichen Wohnung weiter anfielen.

Ich hatte meinem Verlag bereits einige Berichte über diese Region zugesandt, denn kaum jemand in Deutschland wusste zum Beispiel, dass die Marchen ein exzellentes Trüffelgebiet waren.

Ich flog ein paar Mal nach Deutschland, nicht nur, um meinen Eltern zu berichten, dass alles in Ordnung sei, sondern, um den italienischen Freunden einen Koffer voller frischer Weißwürste und Brezn mitzubringen. Italiener lieben diese Bayerische Küche, auch das Bayerische Bier. Dann gab es regelmäßig ein feuchtfröhliches Fest.

***

Der Juli war sehr heiß.

An einem heißen Sonntag brach Kuschel plötzlich zusammen. Sie konnte sich nicht mehr fortbewegen, war nicht mehr ansprechbar, lag auf dem Boden.

Was war passiert?

Ich konnte Kuschel nicht aufrichten und rief Freunde an, die helfen sollten, sie zunächst ins Bett zu legen. Pico und Leo waren rasch zur Stelle, aber auch sie schafften es nicht. Sie mussten den Notarzt rufen. Kuschel kam in das städtische Krankenhaus. Mit ein paar Freunden wartete ich auf die Diagnose der Ärzte. Es stellte sich heraus, dass Kuschel einen totalen Zusammenbruch erlitten hatte, mit einer Überlebenschance von 30 Prozent. Kuschel lag im Koma.

Der Schock saß tief. Wie konnte so etwas passieren? Hatte Kuschel mir etwas zu ihrem Gesundheitszustand verheimlicht?

Die ganze Nacht rekapitulierte ich die vergangenen Tage. Ich suchte nach Erklärungen. Ja, die Hitze hatte einen leichten Rückfall von Asthma hervorgebracht.

Kuschel wollte nicht einmal mehr draußen essen. – Aber das war es auch schon.

Ich fühlte mich so hilflos, denn ich sah keine Möglichkeit zu helfen. Das machte mir besonders zu schaffen. Ich fühlte mich verantwortlich, hatte ich es doch initiiert, dass Kuschel endlich ein Leben voller Glück im Frau-Sein führen konnte. Und jetzt, nach so wenigen Monaten des Aufbruchs, dieser Schlag!

In voller Montur mit Plastikmantel und Handschuhen, voll desinfiziert, durfte ich am nächsten Mittag an ihr Bett in der Intensivstation. Leblos, an Schläuchen angeschlossen, lag sie im Koma. Sie war intubiert.

Da ich nie zuvor einen nahestehenden Menschen leblos gesehen hatte, dachte ich, Kuschel sei tot.

Ich nahm ihre Hand, streichelte diese und sprach mit ihr, bat sie, wieder aufzuwachen.

Nachdem die Ärzte nach drei Tagen keine Besserung erkennen konnten, durfte ich zweimal täglich ans Krankenbett. Ich nahm jedes Mal ihre Hand, streichelte sie und redete und redete ununterbrochen. Ich war überzeugt, Kuschel würde mich hören.

Selbstverständlich gab es viel zu erledigen. Die Krankenkasse in Deutschland musste informiert werden. Ich versuchte, einen Transport nach Deutschland zu organisieren, was nur mit einem Hubschrauber möglich gewesen wäre. Die Ärzte sagten aber, das Risiko sei zu groß.

Nach fünf Tagen keimte Hoffnung auf. Kuschel war selbständig aus dem Koma erwacht.

Endlich, dachte ich, ich könne mit ihr sprechen, sie fragen. Doch leider konnte sie nicht kommunizieren, Kuschel war ja weiter intubiert. Immerhin gab es Blickkontakt. Ich bat Kuschel, etwas auf einen Zettel zu schreiben, was auch geschah – aber es waren nur wirre Kritzel in italienischer Sprache.

Beim Besuch am nächsten Tag stellte ich mit Erschrecken fest, dass man Kuschel an beiden Armen fixiert hatte. Der Anblick war entsetzlich! Ich fragte sofort nach, was hier vorgehe. Mir wurde mitgeteilt, dass Kuschel randaliert habe und dabei eine Schwester mit einem Glas und einer Injektionsnadel verletzt hatte.

Ich bat Kuschel aufzuschreiben, was denn passiert sei. Sie schrieb: „Die wollen mich hier umbringen!“

Ich war fassungslos. Wie konnte es sein, dass ein so ruhiger Mensch, der, solange ich ihn jetzt kannte, kein böses Wort über die Lippen brachte, plötzlich in hilflosem Zustand eine andere Person verletzte? Und wie kam Kuschel zu der Überzeugung, man wolle ihr hier schaden? Gilberto war sofort da, um mich zu einem Termin mit dem Chefarzt zu begleiten. Ich wollte sicher gehen, dass ich alles, was mir in italienischer Sprache mitgeteilt wurde, auch richtig verstand.

Der Chefarzt bestätigte diese Informationen und sah in Kuschels Verhalten die Auswirkungen von Halluzinationen, die Schwerkranke in diesem Zustand immer wieder haben können.

Diese Klinik, die nur über wenige Intensivbetten verfügte, sah sich allerdings nicht weiter in der Lage, die Patientin adäquat zu behandeln. Der Chefarzt schlug daher einen schnellen Transport in eine Spezialklinik in der Emilia Romagna, nach Forli, vor.

Schon drei Tage nach diesem Gespräch war der Transport geplant. Ich notierte die Adresse und fuhr direkt in die 130 Kilometer entfernte Klinik. Ich war zum Glück nicht allein, Ingalus, die ja schon einige Jahre länger Erfahrungen im Land der Träume gemacht hatte, begleitete mich.

Die erste Nachricht versetzte mich wieder in einen Schockzustand. Kuschel war während des Transports erneut in ein Koma gefallen. Die Ärzte versuchen alles, um ihr zu helfen.

Am Ziel wurde uns gesagt, wir könnten zunächst nichts tun, müssten allerdings bis zum Abend einige persönliche Unterlagen vorlegen; wegen der Bezahlung, diese Klinik sei eine Privatklinik. Auch das noch! Das hatte man mir im ersten Krankenhaus nicht gesagt.

Aber egal, Kuschel sollte wieder gesund werden, das war das Wichtigste! Natürlich standen zudem weitere Verhandlungen mit der deutschen Krankenkasse an.

Glücklicherweise gab es neben der Klinik ein Café, in dem wir uns erst einmal einen Imbiss gönnten und ein wenig die neue Situation besprechen konnten. Es war klar, alles wird organisiert, damit Kuschel geholfen werden kann.

So fuhr ich am späten Nachmittag ein zweites und ein drittes Mal die 130 Kilometer, um die angeforderten Unterlagen zuhause zu holen und im Krankenhaus vorzulegen, einen Krankenhaus-Vertrag zu unterschreiben und ein erstes Gespräch mit der Chef-Ärztin zu führen.

Dottoressa Valeria war ein Glücksfall. Einfühlsam erklärte sie, um welche Art von Krankheit es sich hier wohl handelte. Es sei eine Hyperkapsie, eine Unterversorgung der Lunge, vermutete sie, und man werde abwarten, ob die Patientin erneut von selbst aus dem Koma erwachen werde. Sie werde rund um die Uhr betreut. Erfreulich wäre es, wenn ein ihr nahestehender Mensch regelmäßig bei ihr sein könnte. Deshalb liege sie auch in einem Zimmer, in dem es ein extra Bett gebe, damit Besucher, die eine längere Anreise haben, am Wochenende oder wann auch immer, dort übernachten könnten.

Schon am folgenden Wochenende nahm ich das Angebot wahr. Mit gepacktem Wochenendkoffer, meinem

Tablet und Lesematerial fuhr ich in die Emilia Romagna, nach Forli.

Und wieder musste ich den erschreckenden Anblick, der im Koma liegenden Freundin ertragen. Wie leblos, mit Schläuchen verbunden, lag sie im Spezialbett. Und ich konnte wieder nicht helfen, außer ihre Hände zu streicheln und mit ihr zu sprechen, so, als wäre sie wach.

Ein Glücksfall, die Sorge um die Patientin wurde hier sehr ernst genommen. Spätestens alle 15 Minuten kam eine Schwester und kümmerte sich um sie.

Erstaunt war ich allerdings darüber, als am Sonntagvormittag die Chefärztin – obwohl sie einen freien Sonntag hatte – ins Zimmer trat, um zu sehen, wie es der Patientin ginge. Sie machte sich ernsthafte Sorgen und freute sich darüber, dass ich gekommen war.

Die Klinik, ein großzügiges Gebäude aus den dreißiger Jahren, lag in einem kleinen Park. So konnte ich immer wieder Zigarettenpausen an der Sommerluft für mich nehmen. Das Café um die Ecke wurde mein Imbiss-Café. Zu meinen Hauptnahrungs-Mahlzeiten wurde für viele Wochen der Käse-Toast.

Das Wochenende hatte der Patientin scheinbar sehr gutgetan. Am folgenden Dienstag erwachte Kuschel aus dem Koma. Ich war zwischenzeitlich nach Hause gefahren, machte mich sofort wieder auf den Weg nach Forli, um die freudige Neuigkeit mitzuerleben.

Endlich gab es wieder Blickkontakt. Ich konnte auch diesmal noch nicht mit Kuschel kommunizieren, denn sie war wiederum noch intubiert, aber Dottoressa Valeria versprach, Kuschel von diesem Zustand so schnell wie möglich zu erlösen.

Inzwischen waren Freunde aus Deutschland angereist, die ein wenig Abwechslung in das Leben brachten. Sie, wie auch Freunde aus Italien, besuchten die Freundin in der Klinik, so dass ich meine Besuche auf das Wochenende beschränken konnte.

Die Intubation wurde schließlich entfernt, und Kuschel konnte, wenn auch zunächst beschwerlich, wieder sprechen. Sie berichtete von ihren schweren Träumen in der Klinik in Senigallia, war aber nach wie vor davon überzeugt, dass man sie dort am liebsten hätte sterben lassen. Aber das war für mich jetzt alles nicht mehr wichtig. Kuschel hatte das Schlimmste überstanden und lebte!

Selbstverständlich hatte die Klinik in Forli den ärztlichen Bericht aus der Klinik in Senigallia vorliegen. Aus diesem Grund wurde sie hier psychologisch zweimal wöchentlich betreut. Es stellte sich zudem heraus, dass das Laufen wieder erlernt werden musste. Der Physiotherapeut hatte viel Geduld mit ihr. Durch das wochenlange Liegen waren alle Gelenke derart geschwächt, dass wieder ein paar Wochen vergingen, bis sie zum ersten Mal für ein Wochenende nach Hause geholt werden konnte.

Die Sommersaison war vorbei, unser Lieblingsrestaurant am Meer hatte noch geöffnet. Dorthin fuhren wir direkt aus der Klinik kommend und genossen das erste Glas Wein und die „Pasta con Vongole“.

Kuschel war glücklich, endlich wieder zu einem normalen Leben zurückkehren zu können. Auch wenn in der Klinik noch einige Abschlussuntersuchungen nötig waren, wurden neue Pläne geschmiedet. Sie wünschte sich, den für ein Jahr geplanten Aufenthalt zu verlängern, waren ihr doch mehrere Wochen verlorengegangen.

Dafür hatte ich großes Verständnis, vereinbarte aber mit Kuschel, dass ich vor dieser Entscheidung ein paar Tage in Deutschland verbringen müsse, um diese Situation neu zu ordnen. Kuschel wollte mich begleiten.

Als die Freundin aus der Klinik entlassen wurde, brachte ich nicht nur eine große Torte, sondern auch Blumen und Champagner mit. Es waren nach so vielen Wochen des Aufenthalts regelrechte Freundschaften mit den engagierten Pflegerinnen, Pflegern und Ärzten entstanden. Es wurden viele Fotos gemacht, es war das Ende einer wunderbaren Betreuung, wie sie Kuschel und auch ich vorher nicht kennengelernt hatten.

***

Ich hatte inzwischen bei den Vermietern des Hauses nachgefragt, ob das Mietverhältnis um ein weiteres halbes Jahr zu verlängern wäre. Das war kein Problem.

Beide hatten wir bereits den Brenner Richtung Deutschland passiert, als Kuschels Handy klingelte und Dottoressa Valeria aus Forli anrief. Sie telefonierten eine Weile. Sofort merkte ich, dass etwas Ungewöhnliches im Raum stand, denn Kuschel schwieg, nachdem sie das Gespräch beendet hatte. Ich fuhr den nächstliegenden Parkplatz an und wollte wissen, was das gerade für eine Nachricht gewesen sei.

Die Chefärztin Dottoressa Valeria war Endokrinologin. Da sie wusste, dass Kuschel intersexuell war, hatte sie bei den abschließenden Blutuntersuchungen festgestellt, dass Kuschel Prostatakrebs habe – ein Ergebnis des jahrzehntelang gegebenen Testosterons. Sie könne, da Kuschel in Italien nicht Residenza habe, also keinen italienischen Pass, dort also die kostspielige Therapie nicht erhalten – oder privat zahlen. Sie müsse so schnell wie möglich in ärztliche Behandlung.

Ich schrie und schrie und schrie, schlug auf das Lenkrad ein. Ich wollte nicht akzeptieren, dass die Welt oder wer auch immer einem Menschen so viel Leid zufügen konnte! Einem Menschen, der niemals böswillig war, der endlich ein zufriedenes Leben führen wollte. Warum, warum, warum?

Und jetzt kam wieder diese ruhige Stimme, die ich am Anfang unseres Kennenlernens wahrgenommen hatte. Diese ruhige Stimme sagte:

„Bitte beruhige dich, wir wollten doch nicht zu spät in München ankommen."

Ich wischte Kuschel Tränen aus dem von Wimperntusche verschmiertem Gesicht, lies den Motor an und fuhr schweigend weiter. Der Klos im Hals verstopfte meine Stimmbänder. Ich war wie gelähmt. So fuhren wir, ohne ein Wort zu sprechen, in die deutsche Heimat, nach München.

Uns beiden war es wichtig, uns jetzt nicht in den eigenen vier Wänden abzukapseln und in ein Jammertal zu fallen. Stattdessen gingen wir zuerst einmal ins Stammlokal. Wir mussten in Ruhe die neu entstandene Situation besprechen. Kuschel wollte die Hoffnung auf eine glückliche Zukunft nicht aufgeben, jetzt, nachdem sie eben erst Wochen des Zusammenbruchs überstanden hatte. So dramatisch konnte es nicht noch einmal werden!

Die Untersuchungen bei einem Facharzt, der sie zunächst in eine Großklinik, dann in eine zweite Klinik überwies, waren nervtötend.

Dann bot Alex, ein alter Schulfreund, an, einen Termin in der Stadt, in der Kuschel studiert hatte, zu organisieren, da er dort gute Kontakte pflegte.

Ich begleitete Kuschel dorthin, war außerstande, sie in diesem Zustand allein zu lassen, denn die Freude über das in den letzten Monaten Überstandene war verflogen und alles deutete hin auf eine aufkommende Depression. Das durfte und wollte ich nicht zulassen!

Ein Professor nahm sich viel Zeit und untersuchte sie ausführlich. Seine Offenheit und Herzlichkeit erinnerten mich an die Erfahrungen in der Klinik in Forli.

Ja, der Prostatakrebs bestätigte sich, und es kam noch schlimmer: Kuschel hatte auch Nierenkrebs, der schnellstmöglich operativ entfernt werden musste.

Gleich zwei lebensbedrohliche Tumore! Wie kann ein Mensch nach all dem Leiden diese Realitäten noch verkraften? In einer Zeit, in der das neue Leben gerade erst begonnen hatte.

Ich zwang mich, nicht in Hysterie zu verfallen, schließlich war ich nicht die Betroffene. Ich wollte doch immer nur helfen – das war weiter das Wichtigste.

Erstaunlicherweise blieb sie nach all diesen neuen, medizinisch bestätigten Nachrichten ruhig und gelassen. Wie konnte das sein? Ich konnte mit dieser Situation nicht so emotionslos umgehen und fragte mich, ob dies eine Folge der neuen verordneten Medikamente sei oder Kuschel in eine Art Apathie gefallen war.

Die Nierenoperation verlief problemlos. Es wurde eine halbe Niere entfernt. Nach einer Woche konnte Kuschel das Krankenhaus verlassen und für ein paar Tage in ihrer Wohnung wohnen.

Dann kam eine dreiwöchige Reha im Bayrischen Wald.

***

Ich brachte Kuschel dorthin und hoffte, sie möge sich gut erholen, denn danach sollte es mit der Behandlung gegen den Prostatakrebs weitergehen.

Ich besuchte Kuschel dort nur einmal, hatte ich doch weiter meinen Job zu erfüllen.

Für ein paar Tage flog ich nach Italien, um die dortige Wohnung aufzulösen. Das tat mir sehr weh! Das hatten wir inzwischen besprochen, denn eine zeitliche Perspektive der weiteren Krebsbehandlungen gab es bisher nicht.

Nur wenige Tage nach dem Aufenthalt in der Reha-Klinik musste sie erneut die Koffer packen, da ihr der Termin für die erste Chemo-Therapie mitgeteilt worden war.

Jetzt wurde erneut eine Entscheidung darüber getroffen, ob es Sinn machte, nach einer derartigen Bestrahlung zurück in die Münchner Wohnung zu fahren. Es wurde in dem Behandlungsort eine Wohnung zum Kurzzeitwohnen gemietet, denn die Ärzte hatten von einer Autofahrt nach einer Behandlung abgeraten.

Für mich war klar, ich konnte Kuschel durch die schwere Phase nicht kontinuierlich begleiten. 100 Kilometer lagen dazwischen. Ich konnte mich nur für Besuche an den Wochenenden freimachen, denn ich hatte doch meinen Beruf, den ich nach wie vor mit Leidenschaft ausübte.

An dem Wochenende nach der zweiten Chemo-Session sah ich, dass die wunderschönen schwarzbraunen Haare matt und leblos wirkten, und Kuschel sagte, sie müsse unentwegt die Haare entsorgen, das Bad, die Badewanne seien ständig voller Haare.

Und ich in meiner pragmatischen Direktheit schlug vor, doch alle Haare, die ohnehin ausgehen würden, vollständig abzurasieren. Sie stimmte sofort zu, zumal sie ohnehin bereits ein Rezept für eine Perücke in der Tasche hatte. Es war nicht zumutbar, in einem Zustand der körperlichen Schwäche die Wohnung ständig von leblosen Haarbüscheln zu reinigen.

An diesem Tag lachten wir viel über diese skurrile Aktion, machten Fotos und fühlten uns positiv in der Hoffnung, denn auch diese Lebenslage könne man überstehen. Es gehe Millionen von Menschen so, die diese Krankheit besiegten.

Die Entscheidung, die Behandlung in dieser Stadt durchführen zu lassen, hatte auch den großen Vorteil, dass Kuschel die Kontakte zu ihren alten Schul- und Studienfreunden wieder intensivieren konnte. Besonders Alex, ein alter Schulfreund, kümmerte sich intensiv um sie, fuhr mit ihr zum Einkaufen, zeigte ihr die Veränderungen der alten Studienstadt und war immer zur Stelle, wenn sie dringend Hilfe benötigte. So konnte Kuschel, die auch sehr gern kochte, immer wieder Freunde bewirten und für ein paar Stunden alte Zeiten aufleben lassen.

Für mich, in mehr als 100 Kilometer Entfernung, war das zunächst eine große Entlastung, denn ich konnte in der Situation nicht viel Hilfe beitragen. Dennoch machte ich mir Sorgen. Kuschel erfuhr zwar durch die alten Freunde wohltuende Ablenkung, aber ihr körperlicher Verfall war unübersehbar. Kuschel hatte trotz der brutalen Strahlen wieder zugenommen, und zwar in einem Ausmaß, das für mich nicht erklärbar war. Ich sprach das auch immer wieder offen an und bat sie, die Ärzte dahingehend zu befragen.

Die Antwort lag in einem Kästchen mit Medikamenten, die Kuschel einnehmen musste. Jede Menge Cortison befand sich darunter. Das war die Ursache für die extreme Gewichtszunahme. Da die Bestrahlungen dafür sorgten, dass man an den Behandlungstagen keine Kraft hatte, um gymnastische Bewegungsübungen zu machen, sondern nur noch ruhend im Bett verbringen konnte, war die ohnehin seit der Kindheit bestehende Neigung zu Adipositas in ihr Leben zurückgekehrt.

***

Nach den Wochen der Bestrahlung wurde wiederum ein Reha-Aufenthalt verordnet, den sie zügig antreten konnte.

Dieser Klinik-Ort lag kurz vor der Grenze zu Österreich, also von München aus schnell erreichbar. Nach der ersten Woche des Aufenthalts besuchte ich Kuschel für ein paar Stunden dort, um zu sehen, wie es ihr hier ging und um mit ihr alles Weitere zu besprechen.

Immerhin brachte ich eine positive Neuigkeit mit, die ihr hoffentlich Freude und eine weitere gemeinsame Perspektive eröffnen würde. Der Verlag hatte mir angeboten, ein Büro, das in der Universitätsstadt neu eröffnet werden sollte, zu leiten. Das bedeutete für mich eine spannende Herausforderung.

Da Kuschel wusste, dass es eine weitere Chemo-Therapie geben würde, da der PSA-Wert wieder gestiegen war, konnten wir ein gemeinsames Leben in dieser Stadt ins Auge fassen.

Diese Nachricht erhellte Kuschels Augen ein wenig, denn sie fühlte sich in dieser Reha-Klinik nicht besonders gut versorgt. Sie hatte gehofft, trotz angefordertem Diät-Essen, auch wieder gymnastische Übungen im Indoor-Schwimmbad machen zu können, da sie durch Schwimmen immer sehr gut an Gewicht verloren hatte. Doch es hatte sich herausgestellt, dass kein Schwimmlehrer zur Verfügung stand und sie lediglich den Fitnessraum mit den üblichen Geräten benützen konnte. Dafür musste sie schier unendlich lange Gänge durchfahren, was sie inzwischen nur noch mit einem Rollstuhl bewerkstelligen konnte.

Kuschel war deshalb voller Hoffnung, in ihrer alten Heimat trotz erneuter Chemo-Therapie ein menschenwürdiges Leben führen zu können.

Ich versprach ihr, alles zu tun, um schnell eine gemeinsame Wohnung zu finden. Auch für mich war es eine Möglichkeit, mich endlich aus dem elterlichen Haus zu verabschieden.

Und wieder war es Alex, der sich schnell auf die Suche machte und prompt mit Hilfe eines ehemaligen Schulfreundes, der in der Stadt ein Maklerbüro betrieb, fündig wurde.

***

Nach der Entlassung aus der Reha-Klinik gingen die Organisation und der Umzug, die Kündigung der Wohnung in München relativ problemlos vonstatten. Sie hatte ihre alten Freunde vor Ort, und so gab es viele Helfer, die fleißig anpackten. Das Haus, für das wir uns entschieden hatten, lag in einem gutbürgerlichen Viertel und besaß einen Garten. Beide hatten wir, wie schon in Italien, ein eigenes Schlafzimmer, eigenes Büro, eigenes Bad. Die Hoffnung auf friedliche Jahre war groß.

Eines Tages kam ein Gast in den Garten, der Hilfe suchte. Es war eine wunderschöne kleine, langhaarige Katze, die ein wenig ausgehungert wirkte und offenbar etwas zu trinken und zu fressen brauchte. Wir versorgten sie zunächst mit Wasser und etwas Milch. Die Katze blieb ein paar Tage und Nächte und schien sich wohlzufühlen. Wir unternahmen sofort in der Nachbarschaft alles, um die Besitzer ausfindig zu machen, doch niemand meldete sich.

So gab es eine erfreuliche Abwechslung, die für lustige Kuschelstunden den Alltag bereicherte. Wir gaben ihr den Namen Daphne, die sich bald als wilde, aber anhängliche Bewohnerin integrierte. Wir hatten eine neue Freundin gefunden.

Ich hatte die anstrengende Aufgabe, ein Büro einzurichten und die Mitarbeiter in die wichtige Verlagstätigkeit einzuarbeiten. Eine Zeitlang sah es hoffnungsvoll aus. Wir hatten neue und alte Freunde, pflegten ein offenes Haus mit vielen gemeinsamen Begegnungen, erkundeten die Umgebung, die sich verändernde Bischofsstadt, die weltoffener schien als noch zu Kuschels Studienzeiten.

Auch war ihre Affinität zur Technik wieder voll zum Einsatz gekommen. Sie ließ alles, was möglich war, in dem Haus neu elektrifizieren und digitalisieren. Für unseren Elektriker, ein sympathischer, junger Mann, waren diese Aufgaben eine willkommene kreative Herausforderung. Obwohl Philosophie, Literaturwissenschaft und Germanistik Kuschels hauptsächliche Studienfächer waren, hatte sie schon immer ein Faible für die modernste Technik. Sie war die erste, die an der Universität einen Computer hatte, mit dem sie ihre Doktorarbeit schrieb. Sie war eine der ersten, die ein Mobiltelefon besaß.

Jetzt, wo ihre Beweglichkeit gewisse Grenzen hatte, war es für sie eine Herausforderung, alles auf den neuesten technischen Stand installieren zu lassen. Von ihrem Tablet aus konnte sie alles steuern. Das führte zu Erleichterungen. Von der kameraüberwachten Klingelanlage bis zu den Heizkörpern und Jalousien – alles wurde von ihr gesteuert, bedient und kontrolliert.

Zu wunderbaren Freunden waren auch Noel und Prinz, zwei junge Männer von der Elfenbeinküste, geworden.

Sie hatten bereits beim Umzug und Einzug geholfen. Beide waren ausgebildete Pfleger und kümmerten sich liebevoll um Kuschel; sehr zu meiner Entlastung, denn der Aufbau des Verlagsbüros nahm mich sehr in Anspruch.

***

Nach einem Kontrollbesuch beim Urologen zeigte das Blutbild, dass der PSA-Wert exponentiell gewachsen war. Ein erneuter, negativer Hinweis darauf, dass der Krebs nicht besiegt werden konnte.

Der Schock wehte durch das inzwischen liebgewordene neue Heim.

Nach einer Facharzt-Konferenz wurde Kuschel mitgeteilt, dass die Ärzte entschieden hatten, ihr eine nuklearmedizinische Bestrahlung zu ermöglichen. Diese Technologie war erst seit kurzem an der Uniklinik verfügbar.

Ein neuer Hoffnungsschimmer flammte auf. Kuschel wollte alles, aber auch alles mit sich machen lassen, um weiterleben zu können.

Ich ließ es mir nicht nehmen, Kuschel selbst in die Klinik zu bringen. An der Stationstür musste ich mich verabschieden – für eine Woche, ohne Besuchserlaubnis, aber voller Hoffnung, dass der zerstörende Krebs nun gebremst werden könnte.

Vor dieser Behandlung hatte Kuschel schon einmal eine Nacht in der Klinik verbringen müssen. Die operierte Niere hatte sich gemeldet, und so musste eine Nieren-Blasen-Schiene implantiert werden. Es blieb ihr nichts Unangenehmes erspart. Deshalb war die Hoffnung, die Nuklear-Bestrahlung würde endlich eine Erlösung bringen, riesengroß.

Der heiße Sommer verging, der Herbst war noch so angenehm mild, dass wir fast jeden Abend auf der Terrasse ein gemeinsames Abendessen allein oder mit Freunden einnehmen konnten. Im Winter machten wir den Plan, im kommenden Jahr endlich wieder einmal eine längere Reise nach Italien, ans heißgeliebte Meer zu unternehmen, die Freunde dort zu besuchen. Euphorisch wurde schon die gesamte Route festgelegt.

Es wurde Frühling, und es kam anders.

Die Werte hatten sich wieder stark erhöht, der Krebs war noch immer nicht besiegt.

Was muss dieser liebevolle Mensch denn noch alles ertragen, dachte ich. Auch für mich war dieses Leid inzwischen fast unerträglich geworden. Wie furchtbar musste es erst in Kuschel aussehen, da sie jetzt mehrfach von Ärzten die Bestätigung erhalten hatte, dass die Behandlung mit Testosteron für diesen Krebs verantwortlich war.

Die Ärzte entschieden sich für eine zweite Nuklear-Behandlung. Auffallend ruhig, aber anders als bisher, nicht so hoffnungsvoll wie vor der ersten Behandlung, nahm Kuschel diese Nachricht zur Kenntnis.

Es gab einen neuen Feind, der sich in der Welt aufmachte, zu einer Gefahr zu werden, und Kuschel schien eine Vorahnung zu haben, wie groß die Auswirkungen werden würden. Ein zunächst unerkannter Virus war aufgetaucht, in Bayern, eingeschleppt aus China. Es drohte eine Pandemie namens Corona, zunächst SARS-CoV-2!

In China wurde eine Millionenstadt von der Außenwelt abgesperrt. Die Nachrichten waren zensiert, das Ausmaß dennoch so, dass die übrige Welt sich auf eine Pandemie vorzubereiten begann.

Auch Kuschel bereitete sich Tag und Nacht darauf vor, indem sie alle verfügbaren Informationen im Internet las. Sie wollte dagegen gerüstet sein. Sie bestellte Konserven, Grundnahrungsmittel, Toilettenpapier, was bereits knapp war, warum auch immer. Ihr war wohl von Anfang an klar, dass es sich bei dieser Virus-Ausbreitung um eine weltweite Katastrophe handeln würde.

Wie recht sie hatte, stellte sich erst viel später heraus.

Bevor die zweite Nuklear-Behandlung stattfinden konnte, musste sie vorher noch einmal in die Klinik, denn die Nieren-Blasen-Schiene musste ausgetauscht werden.

Alles dazu war vorbereitet, der Koffer für eine Übernachtung gepackt. Frisch gebadet schlief sie in dieser Nacht nicht in ihrem Schlafzimmer, sondern auf der Ruheliege in ihrem Büro, damit am kommenden Morgen kein Stress entstünde. Noel war bereit, sie in die Klinik zu fahren. Der Termin war für morgens 7 Uhr angesetzt.

Der Abend davor war ein unausgesprochen seltsamer. Kuschel hatte keinen Appetit, aß nur wenig, trank etwas Tee; und ich spürte förmlich, dass Kuschel von einer eigenartigen Vorahnung fast depressiv ruhig geworden war.

Der nächste Morgen bestätigte diese Vermutung. Kuschel war nicht imstande, sich anzuziehen. Noel war pünktlich um 6 Uhr eingetroffen. Wir versuchten, Kuschel aufzurichten, doch ihr Körper war unfähig, sich zu bewegen. Sie war apathisch, ängstlich. Wir schafften es nur mit Mühe, sie einigermaßen anzukleiden. Kuschel konnte nicht gehen und nicht stehen. Wir riefen einen Krankenwagen, der sie in die Klinik fahren sollte. Wir waren nicht in der Lage, sie zum Auto zu bringen, um pünktlich in der Klinik zu sein.

Ich hatte mir zwei Tage frei genommen, schließlich stand Kuschels Geburtstag bevor. Dafür wollte ich unbedingt einen Kuchen mit frischen Erdbeeren backen, den sie so gern aß. Eine Feier, so kurz vor der rasch folgenden Nuklear-Behandlung war ohnehin nicht geplant.

Am Nachmittag rief ich in der Klinik an, um zu erfragen, ob der Eingriff an der Niere gut verlaufen sei. Niemand wusste, wo Kuschel war, angeblich noch immer in der Notaufnahme, in die man sie am Morgen eingeliefert hatte. Ich versuchte, einen verantwortlichen Arzt oder eine Ärztin zu sprechen, was mir erst spät am Abend gelang. Es habe Komplikationen gegeben, hieß es, Kuschel sei auf dem Weg zum Wiegen zusammengebrochen und erst jetzt in einem Stationszimmer. Die Schiene sei noch nicht ausgetauscht worden. Erst am nächsten Tag würde neu entschieden werden.

Nach einer schlaflosen Nacht rief ich am nächsten Morgen an. Ich wurde auf den Nachmittag vertröstet; rief am Nachmittag an, wurde wieder vertröstet. Um mich ein wenig abzulenken, ging ich in den Garten und pflückte einen Veilchenstrauß, mit dem ich den Geburtstagstisch schmücken wollte. Es war der 31. März, am folgenden Tag hatte Kuschel Geburtstag.

Das Telefon klingelte, als ich gerade die gepflückten Veilchen in eine Vase stellte.

Es war 16 Uhr 35, mir wurde mitgeteilt, die Patientin sei soeben verstorben.

Ich schrie: „Nein, das kann nicht sein!“ Doch! Ich könne vorbeikommen, um mich zu verabschieden.

Wie von Sinnen schnappte ich meinen Autoschlüssel, meine Handtasche und raste zur Klinik. Ich musste mich namentlich registrieren, bekam eine Mund-Nasenschutzmaske und erfuhr den Ort des Zimmers, in dem die Verstorbene lag. Ich nahm die Treppe, die Gänge standen voller leerer Betten, scheinbar bereitete man sich bereits auf die Pandemie vor. Es war totenstill, ich fand das Zimmer nicht, suchte nach einem Menschen, den ich fragen konnte – und stand endlich an ihrem Bett.

Kuschel lag friedlich da. Ich hatte nie zuvor einen nahestehenden Menschen leblos gesehen. Vorsichtig nahm ich ihre Hand, sie war noch warm, streichelte sanft ihre Wangen und gab ihr einen Kuss auf die Stirn, während ich die Tränen nicht unterdrücken konnte.

Was war hier geschehen?

***

In meiner Fassungslosigkeit fragte ich die anwesende Ärztin, wie es weitergehen würde.

Die Ärztin sagte, ich müsse noch ihre persönlichen Sachen aus dem zweiten Stockwerk holen und mich um die Beisetzung kümmern – mein Beileid!

Punkt, das war es: kümmern! Koffer holen, der nächste tote Mensch liegt schon nebenan. Alltag für Ärzte.

Ich nahm wieder die Treppe, rief den lieben Freund Noel an, der unweit der Klinik wohnte, und bat ihn, das Gepäck in mein Auto zu laden. Noel war da, immer wenn man ihn brauchte! Ich wollte trotz des Schockzustandes allein mit meinem Auto nach Hause fahren. Noel kam hinterher und brachte die zuletzt von Kuschel getragenen Sachen ins Haus. Er war liebevoll tröstend und selbst geschockt über diesen abrupten Tod der Freundin.

Ich wollte allein sein, musste mich sortieren, wusste nicht einmal genau, wen ich zuerst benachrichtigen sollte. Ob und wo und wie ich die folgende Nacht geschlafen hatte, wusste ich am nächsten Tag nicht mehr.

Ich hatte die Begriffe „kümmern und Beerdigung“ in schlechter Erinnerung und wusste, ich hatte keine andere Wahl als nun zu „handeln“.

Daphne, die wilde kleine Kuschelkatze, schlief tagelang auf der Decke am Fußende von Kuschels Bett, auf der sie sich sehr lange sehr wohl gefühlt hatte. Sie konnte nicht wissen, was passiert war.

Vieles im Leben machen Menschen das erste Mal. Sollten oder müssen es, wie jetzt ich. Ich wollte einer liebgewordenen Freundin helfen.

Wäre diese Freundin, die Intersexuelle, bei den Navajo-Indianern geboren worden, hätte man sie als Göttin verehrt, da sie beides in sich vereinte, das Weibliche und das Männliche.

Ein Freund half beim Aufräumen und Vorbereiten des endgültigen Abschieds und fand in Kuschels Büro einen Ordner mit Gedichten und Texten, von denen ich nichts wusste. Beim Lesen dieser Texte war ich erneut erschüttert, hatte Kuschel doch schon im Alter von 14 Jahren Gedichte und Texte verfasst, die ihre damalige Verzweiflung und ihren Seelenzstand beschrieben:

***

„Ein Mädchen ging des Weges. Ich betrachtete es.
Ein schönes Mädchen ging des Weges.
Ich betrachtete es sehnsüchtig.
Ein schönes Mädchen, das des Weges ging,
betrachtete ich sehnsüchtig.
Vielleicht liebte ich sie.
Ich liebte sie. Das freute mich.
Hasst mich doch!
Warum hasst ihr uns plötzlich nicht mehr?
Habt ihr uns doch vor Monaten noch töten wollen.

(Mai 1968)

„Geboren, gestorben, gelebt

Ich wurde geboren
Und aufgewachsen in Eurem Land.
Ich wurde getadelt,
und ich widersprach nicht!
Ich wurde gelobt
Und ich lachte nicht.
Ich wurde verhöhnt
Und ich weinte nicht.
Ich wurde geschlagen
Und ich schlug nicht zurück.
Ihr habt mich erzogen
Und ich mordete euch nicht.

Ich wurde getötet
Doch ich lebe noch"

(1976)

**Für mich bleibt Sophie unsterblich!**

*Dieses Büchlein habe ich geschrieben, nicht nur als Hilfe für Betroffene.*

*Vor allem aus Dankbarkeit, denn diese Freundin, mit der ich viele Jahre zusammengearbeitet habe, hatte mir in einer sehr schweren Phase meines Lebens geholfen. Sie hat mich in meiner Spontanität oft vor schwerwiegenden Fehlern bewahrt. Deshalb habe ich für mich entschieden, sie, als sie erkrankte, bis zu ihrem viel zu frühen Tod zu betreuen.*

*Als ich vier Wochen nach ihrem Tod den Arztbrief erhalten hatte, war klar, sie war in der Notaufnahme meines Wissens nach, acht Stunden ohne weiterführende Behandlung geblieben. Daraufhin habe ich einen Brief an die Klinik mit konkreten Fragen nach dem Ablauf des Tages formuliert. Diesen Brief habe ich nicht abgeschickt, dies wäre nicht im Sinne der Verstorbenen gewesen, ich habe es akzeptiert.*

*Alles ist so geschehen. Ich habe uns lediglich andere Berufe gegeben, um so einen Abstand zu unserer Arbeit zu erhalten.*

*Brigitte Maria Peters*

**Brigitte Maria Peters**

Geboren in Sachsen-Anhalt.
Aufgewachsen in Wolfsburg.
Dort absolvierte sie in jungen Jahren eine kaufmännische Ausbildung.
Es folgte ein Umzug nach Stuttgart, wo sie mit ihrem damaligen Mann eine Werbeagentur gründete, die sie viele Jahre als Finanz- und Personalchefin leitete.
Parallel absolvierte Brigitte eine Schauspielausbildung bei Lilo Barth van Buren von der Hochschule für Darstellende Kunst, Stuttgart.
Verschiedene Engagements als Schauspielerin und Kabarettistin führten sie schließlich nach München.
Nach einem 10-jährigem Aufenthalt in Italien, lebt und arbeitet sie heute in München und Regensburg.